하루 한 문단 쓰기

휘리릭

초등
4문장
글쓰기

손상민 선생님은요……

신춘문예에서 희곡으로 등단한 뒤 희곡, 뮤지컬, 동화, 에세이 등을 써왔어요.
여덟 살, 네 살 천방지축 두 아이를 키우는 엄마이기도 합니다. 엄마가 되면서 본격적으로
아이에게 보여 주고 들려 주고픈 이야기를 쓰기 시작했어요.
지은 책으로는 〈아홉 살에 처음 만나는 유관순〉, 〈퇴근후 책쓰기〉(공저), 〈나를 토닥여준
영화 속 그 한마디〉 등이 있고요, 지금은 뮤지컬, 동화, 영상 작가이면서
동시에 아이들과 어른들을 대상으로 한 글쓰기 강사로 바쁜 하루하루를 보내고 있어요.
언젠가는 두 아이가 자라 엄마가 쓴 책으로 글쓰기에 푹 빠지기를 기대하며
오늘도 열심히 글감을 찾는 중이랍니다.

하루 한 문단 쓰기
휘리릭 초등 4문장 글쓰기 탈무드편

| 초판 1쇄 발행 2020년 6월 20일 | 초판 12쇄 발행 2024년 11월 20일

| 지은이 손상민 | 발행인 김태웅 | 기획 · 편집 이지은 | 마케팅 총괄 김철영 | 제작 현대순 | 디자인 syoung.k | 일러스트 ㈜어필

| 발행처 (주)동양북스 | 등 록 제 2014-000055호(2014년 2월 7일) | 주 소 서울시 마포구 동교로22길 14 (04030)
| 구입문의 전화 (02)337-1737 팩스 (02)334-6624 | 내용문의 전화 (02)337-1763 dybooks2@gmail.com

ISBN 979-11-5768-629-2 64700 | ISBN(세트) 979-11-5768-628-5 64700

〈일러두기〉
–이 책은 국립국어원에서 지정하는 한국어 어문 규범의 원칙을 따랐습니다.
–원고지 쓰기법은 어문 규정과 달리 통상적인 사용법을 따릅니다.
　이 책은 한국독서문화재단의 글나라 연구소(gulnara.com)의 원고지 사용법을 따랐습니다.
–책 제목은 《 》, 작품의 제목은 〈 〉으로 표기했습니다.

하루 한 문단 쓰기

휘리릭

초등
4문장
글쓰기

탈무드편

손상민 지음

동양북스

질문이 여러분의 글쓰기 실력을 쑥쑥 키워 줄 거예요!

여러분은 세계에서 가장 영향력 있는 민족에 대해 들어본 적 있나요?

구글, 페이스북, 애플, 아마존 등 세계적으로 유명한 이들 기업의 공통점은 회사를 처음 세운 사람이 유대인이라는 점이에요. 인류 발전에 큰 도움을 준 사람에게 주는 상이 노벨상인데요. 이 노벨상 수상자 중 절반에 가까운 사람이 유대인이거나 유대인과 관련 있는 사람들이라고 해요.

모든 분야에서 뛰어난 재능을 보여주는 유대인은 사실, 무려 2천 년 동안이나 나라와 영토가 없던 사람들이었어요. 그래서 세계 여러 나라로 뿔뿔이 흩어져 떠돌이처럼 살아야 했답니다.

사람들은 대부분 외국에 가서 살게 되면 전에 살던 방식을 잊고 그 나라에 맞춰 살아가는데요. 놀랍게도 유대인은 2천 년 동안 변함없이 같은 언어를 쓰고 자신들만의 전통을 지켜나갔어요. 그 결과, 1948년에는 조상들의 옛 땅에 자신들의 나라인 이스라엘도 세우고 세계 경제, 문화, 사회에서 더욱 힘 있는 역할을 할 수 있었어요.

유대인이 이처럼 오랜 세월 자신들의 전통과 언어, 생활 방식을 잊지 않을 수 있었던 건 모두 성서와 탈무드 덕분이었어요. 탈무드는 '가르치다'와 관련된 교훈이나 설명을 의미하는데요. 탈무드에는 법률, 전통, 사회 질서 등 유대인의 문화유산이 거의 모두 담겨 있다고 할 수 있어요. 이제는 유대인뿐만 아니라 전 세계 많은 사람들이 탈무드를 읽고 있답니다. 탈무드는 더 이상 유대인만의 책이 아니라, 모든 사람들이 인정하는 '지혜의 책'이에요.

하지만 실제 탈무드는 내용이 많고 쉽게 이해하기 어려워요. 우리가 흔히 볼 수 있는 탈무드 동화는 쉽고 짧은 부분만을 다뤘고요. 원래는 전체가 20권에 달하는데다 내용도 꽤 복잡해요.

《휘리릭 초등 4문장 글쓰기 탈무드 편》에서 다룬 탈무드 역시 이해하기 쉬운 이야기들을 중심으로 단순하게 엮은 것이에요. 특히 인물, 행동, 감정, 규범, 지혜 다섯 가지 주제에 맞춰 여러분 스스로 질문을 주고받을 수 있도록 준비해 보았어요.

전체 이야기는 아래와 같이 구성되었어요.

1장 **어떤 사람이 되고 싶은가요?** 인물편

2장 **어떻게 하면 좋을까요?** 행동편

3장 **어떤 감정을 느끼나요?** 감정편

 4장 **어떤 것이 옳을까요?** 규범편

5장 **어떤 방법이 좋을까요?** 지혜편

전체 5개 장 마다 각각 5개의 이야기가 등장하는데요. 여러분은 장별 이야기를 먼저 읽고, 이어서 인물관계도를 보면서 다시 한 번 본문의 이야기를 머릿속으로 그려 볼 수 있어요. 그런 다음, 본문의 내용을 떠올리며 주어진 네 가지 질문에 한 문장씩 답을 써 보아요.

첫 번째는 주어진 문장을 따라 쓰고요. 두 번째는 본문의 내용을 이해했는지 확인하는 질문이에요. 세 번째, 네 번째는 여러분의 생각이나 상상을 묻는데요. 이들 네 문장을 다시 한 번 이어 쓰는 '모아쓰기'를 해 보면, 여러분이 쓴 네 문장으로 하나의 근사한 글이 탄생한 걸 볼 수 있어요.

이처럼 다섯 개의 장을 나눈 기준은 '질문'의 내용이에요. 각 장의 질문을 중심으로 이야기를 읽고 여러분 스스로 질문하며 답을 써야만 이 책을 충분히 잘 활용했다고 할 수 있어요. 탈무드의 핵심은 그 무엇보다 '질문하는 힘'을 기르는 것이니까요.

실제 탈무드는 페이지마다 중심 내용이 있고 여러 시대 학자들이 그 내용에 대해 생각을 덧붙여 놓았어요. 하나의 이야기를 읽는 데서 끝나지 않고 이야기를 둘러싼 다양한 생각까지 함께 접할 수 있도록 말이에요.

유대인은 탈무드를 공부할 때 질문을 멈추지 않는 걸 가장 중요하게 여겨요. 탈무드는 질문을 통해서 스스로 깨우치는 '가르침'이라 할 수 있지요.

탈무드에는 '사람들이 세상을 정면으로 바라볼 때 우리는 입체적으로 바라본다'라는 문장이 적혀 있어요. 여러분도 탈무드를 디딤돌 삼아 질문하는 힘, 생각하는 힘을 기르고 이를 글쓰기로 연결시켜 보도록 해요. 분명 지혜가 쌓이는 만큼 글쓰기 실력도 쑥쑥 쌓일 테니까요.

자, 그럼 이제 시작해 볼까요?

차례

들어가는 글   04

이렇게 활용하세요!   08

1장

어떤 사람이 되고 싶은가요?

인 물 편

첫 번째 이야기	유리창과 거울의 차이	12
두 번째 이야기	진짜 친구의 조건	16
세 번째 이야기	뛰는 놈 위에 나는 놈 있다	20
네 번째 이야기	행동으로 말하기	24
다섯 번째 이야기	형제가 잠을 설친 이유	28

기억하고 있나요?   32

2장

어떻게 하면 좋을까요?

행 동 편

여섯 번째 이야기	굴뚝 청소를 하고 나오면	34
일곱 번째 이야기	단 하나의 유산	38
여덟 번째 이야기	배고픈 여우의 선택	42
아홉 번째 이야기	언제 배를 타야 할까?	46
열 번째 이야기	임금이 부럽지 않은 이유	50

기억하고 있나요?   54

3장

어떤 감정을 느끼나요?

감정편

열한 번째 이야기	거미를 싫어한 임금님	56
열두 번째 이야기	나무 심는 할아버지	60
열세 번째 이야기	목숨을 구한 정성	64
열네 번째 이야기	모든 행동에는 이유가 있다	68
열다섯 번째 이야기	나쁜 일과 좋은 일은 생각의 차이	72

기억하고 있나요?   76

4장

어떤 것이 옳을까요?

규범편

열여섯 번째 이야기	다른 시간 같은 대가	78
열일곱 번째 이야기	다이아몬드의 주인은 누구일까?	82
열여덟 번째 이야기	어디까지 지켜야 할까?	86
열아홉 번째 이야기	모든 일에는 순서가 있다	90
스무 번째 이야기	하얀 거짓말	94

기억하고 있나요?   98

5장

어떤 방법이 좋을까요?

지혜편

스물한 번째 이야기	보물 상자는 누구의 것?	100
스물두 번째 이야기	보이지 않는 보석	104
스물세 번째 이야기	싸움을 말리는 방법	108
스물네 번째 이야기	솔로몬과 진짜 엄마	112
스물다섯 번째 이야기	등불을 켜는 마음	116

기억하고 있나요?   120

이렇게 활용하세요!

《휘리릭 초등 4문장 글쓰기》는 우리 친구들이 글쓰기를 어려워하지 않고, 자신의 생각과 느낌을 언제든지 솔직하게 표현할 수 있는 평생 친구로 삼기를 바라는 마음으로 만들었어요. 학년이 올라갈수록 늘어나는 문장형(논·서술형) 시험을 대비하는 건 덤! 이 책을 통해 자신만의 글쓰기 무기를 만들고 차곡차곡 쌓은 글쓰기 실력을 마음껏 발휘해 보세요.

1 그림 보고 상상하기

이야기의 내용을 함축하고 있는 그림을 보고 어떤 내용이 펼쳐질지 미리 상상해 보세요. 이야기의 제목과 함께 각 그림을 통해 등장인물은 누구이고 어떤 상황이 벌어지고 있는지 생각해 보아요. 그리고 생각했던 이야기가 실제 이야기와 얼마나 일치하는지 확인해 보세요.

2 하루 3쪽 읽기

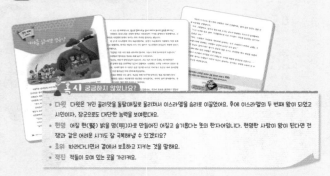

한 편의 이야기는 3쪽 분량으로 이루어져 있어요. 이야기를 읽고 내용을 잘 기억하는 것이 무척 중요합니다.
읽다가 어려운 표현이 나오면 '혹시 궁금하지 않았나요?'에서 그 표현을 설명하고 있는지 찾아 보세요. 없다면, 부모님 혹은 선생님과 국어 사전을 찾아보면서 새로운 단어를 알아가는 기쁨을 느껴 보세요.

3 인물관계도로 줄거리 정리해 보기

이야기를 읽고 나서도 내용이 무엇이었는지 잘 기억나지 않는다고요?
걱정 말아요. 귀여운 인물관계도로 다시 한번 기억하게 해 주니까요. 참고로 파란색은 친한 사이, 빨간색은 서로 싸우는 사이, 회색은 그냥 아는 사이를 나타냅니다. 점선 보다는 실선이 더욱 강력한 관계예요.

4 중심문장 따라쓰기

맞춤법이 자꾸 틀려서 고민이라고요? 걱정 마세요. 이야기의 중심문장을 칸에 맞춰 따라 쓰다 보면 맞춤법 실력이 훌쩍 자라 있을 거예요.

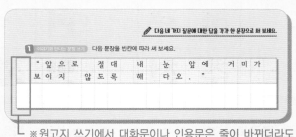

✏️ 다음 네 가지 질문에 대한 답을 각각 한 문장으로 써 보세요.

1 이야기와 만나는 문장 쓰기   다음 문장을 빈칸에 따라 써 보세요.

"	앞	으	로		절	대		내		눈		앞	에		거	미	가
보	이	지		않	도	록		해		다	오	.	"					

※ 원고지 쓰기에서 대화문이나 인용문은 줄이 바뀌더라도 첫 칸을 비우고 씁니다.

5 내용과 생각을 묻는 질문에 대답하기

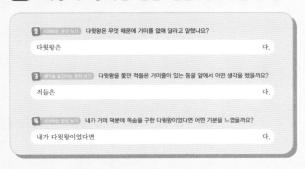

2 이해하는 문장 쓰기   다윗왕은 무엇 때문에 거미를 없애 달라고 말했나요?

다윗왕은   다.

3 생각을 발견하는 문장 쓰기   다윗왕을 쫓던 적들은 거미줄이 있는 동굴 앞에서 어떤 생각을 했을까요?

적들은   다.

4 상상하는 문장 쓰기   내가 거미 덕분에 목숨을 구한 다윗왕이었다면 어떤 기분을 느꼈을까요?

내가 다윗왕이었다면   다.

책은 좋은데 독후감은 어떻게 쓸지 모르겠다고요? 그래서 힌트를 줄 수 있는 질문을 준비했어요. 세 가지 질문 유형에 따라 각각 한 문장으로 써 보는 연습을 하다 보면 독후감 쓰기에 익숙해질 수 있어요.
답에 '누가 ~ 했는지' 약간의 단서를 주었으니 그에 맞춰 자신만의 답을 잘 찾아 보아요.

따라 썼던 중심문장부터 질문에 답한 3개의 문장을 쭉 연결해서 한 문단으로 써 보세요. 그리고 그것을 읽어 보세요. 놀랍지 않나요? 내용이 이어지는 멋진 글 한편이 완성되었어요!
이처럼 글쓰기는 어려운 것이 아니에요. 중심문장과 연결된 질문에 대한 답만 잘 이어서 쓰면 얼마든지 좋은 글을 완성할 수 있어요.
자, 이제 두려워 하지 말고 글쓰기를 시작해 볼까요?

6 지금까지 쓴 문장을 모아 써보기

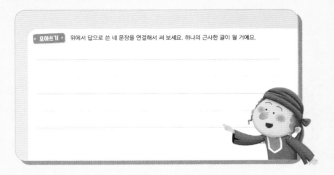

모아쓰기   위에서 답으로 쓴 네 문장을 연결해서 써 보세요. 하나의 근사한 글이 될 거예요.

7 가이드북

부모님 혹은 선생님과 함께 가이드북의 예시 답안과 풍부한 배경 설명을 보면서 다양한 이야기를 나눠 보세요.
더 많은 글감을 찾을 수 있을 거예요.

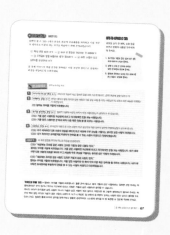

하	루		한		문	단		쓰	기
추	천		일	정					

이 책은 여러분이 할 수 있는 만큼씩 최선을 다하는 것이 가장 좋습니다. 요즘 가뜩이나 볼 것도, 할 것도 많은 우리 친구들이 글쓰기를 너무 버겁게 느끼지 않기를 바랍니다. 다만 글쓰기는 조금씩이라도 매일 쓸 때 실력이 쑥쑥 늘어납니다. 가능하다면 아래 추천 일정에 맞춰 글쓰기의 재미에 푹 빠져 보세요.

1주

토	유리창과 거울의 차이
일	진짜 친구의 조건
월	뛰는 놈 위에 나는 놈 있다
화	행동으로 말하기
수	형제가 잠을 설친 이유
목	기억하고 있나요?
금	휴식

4주

토	다른 시간 같은 대가
일	다이아몬드의 주인은 누구일까?
월	어디까지 지켜야 할까?
화	모든 일에는 순서가 있다
수	하얀 거짓말
목	기억하고 있나요?
금	휴식

2주

토	굴뚝 청소를 하고 나오면
일	단 하나의 유산
월	배고픈 여우의 선택
화	언제 배를 타야 할까?
수	임금이 부럽지 않은 이유
목	기억하고 있나요?
금	휴식

5주

토	보물 상자는 누구의 것?
일	보이지 않는 보석
월	싸움을 말리는 방법
화	솔로몬과 진짜 엄마
수	등불을 켜는 마음
목	기억하고 있나요?
금	휴식

3주

토	거미를 싫어한 임금님
일	나무 심는 할아버지
월	목숨을 구한 정성
화	모든 행동에는 이유가 있다
수	나쁜 일과 좋은 일은 생각의 차이
목	기억하고 있나요?
금	휴식

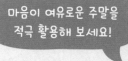

마음이 여유로운 주말을 적극 활용해 보세요!

1장

어떤 사람이 되고 싶은가요?

인물편

유리창과 거울의 차이

"안녕히 계세요!"

수업이 끝나자 아이들이 우르르 썰물처럼 교실을 빠져나갔어요. 한 아이만 빼고 말이에요. 아이는 가방을 싸는 것도 느릿느릿. 걸어 나가는 것도 느릿느릿. 거북이가 따로 없었지요. 무언가를 곰곰이 생각하며 문밖으로 나갔던 아이는 곧 다시 교실로 돌아왔어요. 이를 지켜본 랍비°가 물었어요.

"수업이 끝났는데 다시 돌아왔구나. 수업 내용 중 궁금한 게 있니?"

"아니요."

"친구들과 문제라도 있는 거야?"

"아니에요……."

랍비는 눈짓으로 의자를 가리키며 말했어요.

"그럼 앉아서 할 말이 생각나거든 그때 얘기하렴."

랍비는 말없이 하던 일을 계속 했지요. 내일 수업을 위해 교실을 정리했어요. 한동안 그 모습을 쳐다보던 아이가 랍비에게 다가와 어렵게 입을 열었어요.

"사실은 어제 저희 집에 마을에서 제일가는 부자가 다녀갔어요. 얼마 전 아버지께서 급하게 돈을 빌리셨거든요."

"그랬구나. 아버지는 뭐라고 하셨니?"

"아버지는 부자에게 조금만 더 기다려 달라고 사정하셨어요."

아이는 어제 일이 떠오르는 듯 화가 난 표정으로 말했어요.

"선생님. 저희 집은 가난하지만 부모님은 다른 사람들에게 늘 뭔가를 베풀어 주셨어요. 제 어머니만 하더라도 혼자 사시는 옆집 할머니께 항상 먹을 것을 가져다드리죠. 하지만 그 부자는 곡식을 창고 안에 가득가득 채워놓고 살면서도 왜 어려운 사람의 사정을 전혀 봐주지 않는 걸까요? 전 도저히 이해할 수가 없어요."

랍비는 잠시 생각에 잠겼어요. 뭐라고 대답해야 할지 고민이 됐거든요. 그러다 교실 유리창 너머의 풍경이 랍비의 눈에 들어왔어요. 그리고 문득 한 가지 생각이 떠올랐답니다.

"애야, 저 유리창을 보렴."

아이는 고개를 돌려 교실 유리창을 바라봤어요.

"이제 유리창 너머 거리를 보렴. 뭐가 보이지?"

"음. 아주머니 한 분이 머리에 짐을 이고 가시네요. 플라타너스˙ 나뭇잎이 산들산

혹시 궁금하지 않았나요?

- **랍비** 랍비는 유대인들의 선생님을 부르는 말이에요. 유대교를 믿는 유대인 사회에서 랍비는 종교적인 교리를 가르치는 교사나 종교 지도자, 존경받는 스승을 두루 가리킨답니다.
- **플라타너스** 크고 넓은 잎을 가진 키가 큰 나무예요. 나무의 껍질이 사람 얼굴에 핀 버짐과 비슷하다고 해서 우리나라에서는 '버즘나무'라고도 불러요. 옛날에는 버짐을 버즘이라고 불러서 예전부터 부른 나무 이름은 그대로 버즘나무라고 불러요.
- **수은** 화학 물질인 수은은 평소 일반적인 실험실의 온도에서 액체 상태로 있는 유일한 금속이에요. 유리 한쪽 면에 수은을 얇게 발라 높은 온도에서 구워주면 거울이 되지요.

들 흔들리는 걸 보니까 시원한 바람도 부는 모양이에요."

랍비는 서랍 속에 들어있던 손거울을 꺼내 아이에게 건네며 말했어요.

"이번에는 이 거울을 보렴. 뭐가 보이지?"

"당연히 제 얼굴이죠."

"그래. 방금 네가 본 유리창과 거울은 모두 유리로 만들어졌단다. 하지만 눈에 보이는 풍경은 서로 달랐지? 유리창은 막힘이 없어서 아주머니와 흔들리는 나뭇잎을 볼 수 있었지. 하지만 거울은 어떠니? 뒷면에 칠한 수은°이 한쪽을 막아 버려서 네 얼굴밖에 안 보였지? 그 부자는 한쪽이 막힌 거울과 같아서 자기 입장만 생각하는 사람이란다. **세상에는 유리창 같은 사람도 있지만 거울과 같은 사람도 있지.** 넌 어떤 사람이 되고 싶으냐?"

아이는 랍비의 물음을 가슴 속에 간직한 채 집으로 돌아갔습니다.

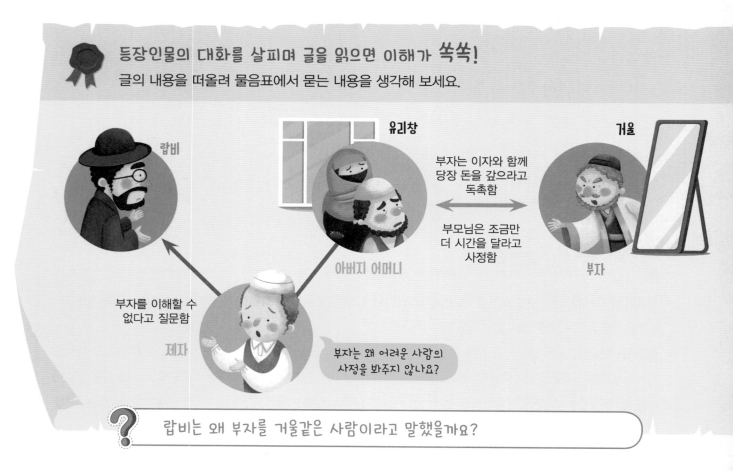

등장인물의 대화를 살피며 글을 읽으면 이해가 쏙쏙!
글의 내용을 떠올려 물음표에서 묻는 내용을 생각해 보세요.

랍비

유리창

거울

부자는 이자와 함께 당장 돈을 갚으라고 독촉함

부모님은 조금만 더 시간을 달라고 사정함

아버지 어머니

부자

부자를 이해할 수 없다고 질문함

제자

부자는 왜 어려운 사람의 사정을 봐주지 않나요?

? 랍비는 왜 부자를 거울같은 사람이라고 말했을까요?

1 이야기와 만나는 문장 쓰기   다음 문장을 빈칸에 따라 써 보세요.

"	세	상	에	는		유	리	창		같	은		사	람	도		있	지
만		거	울	과		같	은		사	람	도		있	지	.	"		

2 이해하는 문장 쓰기   랍비는 아이의 집에 방문한 부자를 무엇에 비유했나요?

랍비는   다.

3 생각을 발견하는 문장 쓰기   거울 같은 사람이란 어떤 사람을 말하는 걸까요?

거울 같은 사람이란   다.

4 상상하는 문장 쓰기   여러분이 제자라면 유리창 같은 사람과 거울 같은 사람 중 어떤 사람이 되겠다고 다짐했을까요?

내가 제자라면   다.

모아쓰기   위에서 답으로 쓴 네 문장을 연결해서 써 보세요. 하나의 근사한 글이 될 거예요.

_____

_____

_____

_____

진짜 친구의 조건

어려울 때 돕는 친구가 진정한 친구라는 말을 들어본 적 있나요?
여기 등장하는 세 사람의 친구 중 누가 진짜 친구인지 함께 생각해 보아요.

마을을 다스리는 관리●에게는 세 사람의 친구가 있었습니다.

첫 번째는 만나면 언제나 반갑고 즐거운 친구였어요. 그래서 관리가 가장 소중히 여기는 친구였지요. 두 번째는 반갑기는 하지만 첫 번째 친구만큼 소중하다고 여기지는 않는 친구였어요. 세 번째는 친구라고 말하기에도 어색한, 그다지 친하지 않은 친구였어요.

그러던 어느 날 왕이 관리에게 궁전으로 들어오라는 명령을 내렸습니다. 자기도 모르게 무슨 잘못을 한 것은 아닐까 덜컥 걱정이 된 관리는 헐레벌떡 첫 번째 친구를 찾아갔어요.

"여보게. 나와 함께 궁전에 가 주지 않겠나?"

관리의 부탁을 들은 첫 번째 친구가 차가운 말투로 말했어요.

"무슨 일인지도 모르는데 내가 왜 궁전에 가야 한다는 말인가? 다시는 그런 부탁하지 말게."

말을 끝낸 첫 번째 친구는 뒤도 돌아보지 않고 문을 쾅 닫고 들어가 버렸어요. 크게 실망한 관리는 두 번째 친구를 찾았어요.

"안타까운 일이기는 하지만 나도 궁전에 들어가는 건 왠지 망설여진다네. 대신 궁전에 들어가는 문 앞까지는 같이 가 주겠네. 어떤가?"

두 번째 친구 역시 관리의 부탁을 거절했어요. 관리는 힘이 쭉 빠지고 말았어요.

"아닐세. 그만두게."

이제 관리에게는 그다지 친하지 않은 마지막 세 번째 친구만이 남았어요.

'분명히 거절하겠지. 그래도 부탁은 해보자. 혼자 가는 것보다는 나을 테니…….'

관리는 기운이 모두 빠진 채로 터벅터벅 세 번째 친구의 집 앞에 이르렀어요. 관리가 온다는 연락을 받은 세 번째 친구는 이미 집 앞에서 관리를 기다리고 있었답니다.

"어서 오게나!"

관리는 집 안으로 안내하는 세 번째 친구를 따라 응접실 의자에 앉았어요. 미리 준비한 따뜻한 차를 따라주는 세 번째 친구를 향해 관리는 말했지요.

"내가 온 건 한 가지 부탁을 하기 위해서라네. 다름이 아니라 내일 궁전으로 들어오라는 왕의 명령을 받았네. 아무리 생각해 봐도 왕께서 나를 찾을 정도의 큰 잘못을 한 기억은 없는데 이게 도대체 무슨 일이란 말인가. 혼자 들어갈 생각을 하

혹시 궁금하지 않았나요?

- **관리** 관직을 맡아 어떤 일을 처리하는 사람을 두루 이르는 말이에요. 이번 이야기 속에서는 마을의 일을 도맡아 하면서 왕의 명령을 따르는 사람을 뜻합니다.
- **강직하다** 마음이 꼿꼿하고 곧다는 뜻이에요. 관리의 세 번째 친구는 관리가 강직하고 충성스러우며 정직한 사람이라고 말했어요. 친구의 말이 사실이라면 관리야말로 '관리'를 하기에 적합한 사람일 거예요. 한 마을의 관리자로서 필요한 덕목을 가지고 있으니까요.

니 심장이 두근거리고 팔다리가 떨려서 도통 잠이 오질 않아. 괜찮다면 자네가 같이 가 줄 수 있겠나?"

관리는 기대하지 않았지만 마지막 지푸라기라도 잡으려는 심정으로 힘겹게 말을 꺼냈어요. 하지만 예상과는 달리 관리의 말이 끝나기가 무섭게 세 번째 친구가 대답했어요.

"같이 가세. 가고말고. 난 자네가 남한테 잘못하는 걸 본 적이 없어. 자네 같은 강직한° 사람이 나쁜 짓을 했다고 생각하지도 않는다네. 원한다면 기꺼이 함께 가주겠네. 또 혹시라도 왕께서 자네에게 벌을 내리려 하신다면, 내가 평소 자네의 충성스럽고 정직한 생활에 대해 말씀드려 오해를 풀어 보겠네."

뜻밖의 말에 놀란 관리는 자리에서 벌떡 일어나 세 번째 친구의 어깨를 감싸 안았어요. 세 번째 친구야말로 자신의 진정한 친구였다는 걸 알게 되었거든요. 이제야 마음의 위로를 얻게 된 관리의 눈에는 닭똥 같은 눈물이 뚝뚝 흘렀습니다.

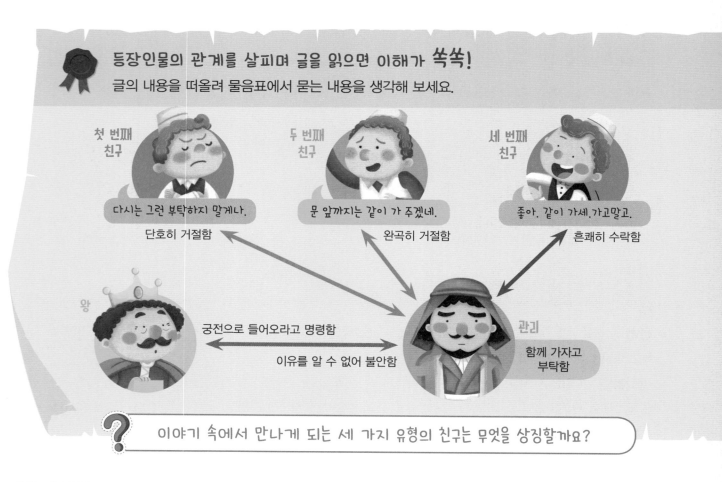

등장인물의 관계를 살피며 글을 읽으면 이해가 쏙쏙!
글의 내용을 떠올려 물음표에서 묻는 내용을 생각해 보세요.

첫 번째 친구
다시는 그런 부탁하지 말게나.
단호히 거절함

두 번째 친구
문 앞까지는 같이 가 주겠네.
완곡히 거절함

세 번째 친구
좋아. 같이 가세. 가고말고.
흔쾌히 수락함

왕
궁전으로 들어오라고 명령함
이유를 알 수 없어 불안함

관리
함께 가자고 부탁함

? 이야기 속에서 만나게 되는 세 가지 유형의 친구는 무엇을 상징할까요?

1 이야기와 만나는 문장 쓰기   다음 문장을 빈칸에 따라 써 보세요.

그	러	던		어	느		날		왕	이		관	리	에	게		궁	궐
로		들	어	오	라	는		명	령	을		내	렸	습	니	다	.	

2 이해하는 문장 쓰기   관리가 가장 친하다고 여겼던 첫 번째 친구는 궁궐에 함께 가자고 했을 때 뭐라고 대답했나요?

첫 번째 친구는   다.

3 생각을 발견하는 문장 쓰기   첫 번째 친구의 대답을 들은 관리는 어떤 기분이었을까요?

관리는   다.

4 상상하는 문장 쓰기   여러분이라면 궁전에 함께 가자고 부탁하는 친구에게 어떻게 대답할까요?

나라면   다.

모아쓰기   위에서 답으로 쓴 네 문장을 연결해서 써 보세요. 하나의 근사한 글이 될 거예요.

_____

_____

_____

_____

뛰는 놈 위에 나는 놈 있다

한 시골 마을에 꾀 많은 꾀보[●] 장사꾼이 살고 있었어요. 물건을 사서 마을을 돌며 되팔던 장사꾼에게 어느 날 기막힌 생각이 떠올랐어요.

'물건을 싸게, 많이 사다가 팔면 지금보다 훨씬 더 많은 이익[●]을 남길 수 있을 거야! 이럴 것이 아니라 당장 큰 도시로 가서 물건을 사와야겠어.'

꾀보 장사꾼은 가진 돈을 모두 들고 도시로 향했어요. 얼마 후 장사꾼은 눈이 휘둥그레질 만큼 번잡한 도시에 도착했어요. 하지만 시장이 열리려면[●] 3일이나 더 기다려야만 했어요.

'돌아다니다가 시장이 열리기도 전에 돈을 잃어버리면 어쩌지?'

금화가 든 돈주머니를 잃어버릴까봐 걱정이 된 장사꾼은 궁리[●] 끝에 한 가지 방법을 떠올렸어요. 그건 바로 돈주머니를 근처 숲속에 파묻어 두는 것이었지요.

'난 역시 머리가 좋아.'

돈주머니를 땅에 묻은 다음날 장사꾼은 다시 숲속을 찾았어요. 돈주머니가 잘 있는지 확인해 보기 위해서였어요. 그런데 이게 웬일일까요? 아무리 파고 또 파도, 금화가 든 돈주머니는커녕 작은 구리 동전 하나 나오지 않는 게 아니겠어요?

황급히 주위를 둘러보던 장사꾼에게 멀리 갈색 지붕 집 한 채가 눈에 들어왔어요. 장사꾼은 가까이 다가가 갈색 지붕 집을 유심히 살펴보았어요. 아니나 다를까 벽에 나 있는 새끼 손톱만한 작은 구멍을 발견했지요. 분명 집주인이 장사꾼의 모습을 본 게 틀림없었어요.

꾀보 장사꾼은 갈색 지붕 집 대문을 두드렸어요.

"누구시오?"

미심쩍은 듯 대문을 빼꼼 연 주인은 동네에서도 유명한 욕심쟁이 할아버지였어요. 장사꾼은 순진한 미소를 머금고 할아버지께 말했어요.

"저는 시골에서 온 장사꾼입니다. 걱정거리가 생겨 묵고 있던 여관집 주인에게 물어보니 갈색 지붕 집 할아버지를 찾아가라고 말씀하시더군요. 그래서 이렇게 부랴부랴 찾아왔어요."

할아버지는 그제야 밖으로 나와 장사꾼의 말에 귀를 기울이기 시작했습니다.

"그래, 고민이 뭔가?"

"네. 제가 물건을 사러 도시로 오면서 각각 금화 백 냥과 이백 냥이 든 돈주머니

혹시 궁금하지 않았나요?

- **꾀보** 잔꾀가 많은 사람을 낮잡아 이르는 말이에요. 꾀보 장사꾼의 꾀로 돈주머니를 다시 찾기는 했지만, 애초에 돈주머니를 땅에 묻은 걸로 보아 장사꾼의 꾀는 어쩌면 그리 높게 평가할 만한 수준은 아닐지도 몰라요.
- **이익** 물건을 팔아서 남기는 돈을 말해요. 꾀보 장사꾼의 생각대로 많이 사면 싸게 살 수 있고, 싼 값에 산 물건을 원래 가격에만 팔더라도 더 큰 이익을 볼 수 있어요.
- **시장이 열리다** 과거에는 요즘처럼 매일 장을 볼 수 있는 시장이나 마트가 없었어요. 사흘(3일)에 한 번 또는 닷새(5일)에 한 번처럼 특별한 날에 시장이 열렸답니다. 장사꾼들이 물건을 가지고 와서 판 뒤 또 다른 시장이 열리는 곳으로 이동하곤 했어요.
- **궁리** 속으로 이리저리 따져 생각해 보는 걸 말해요.

두 개를 가지고 왔는데요. 시장이 열리기 전이라 그동안 잃어버릴까 걱정이 되어 금화 백 냥이 든 돈주머니를 땅에 꼭꼭 묻었습니다. 그러자 남아있는 이백 냥 짜리 돈주머니는 어떻게 해야 할지 고민이 되어서요. **금화 이백 냥이 든 돈주머니도 같이 묻는 게 좋을지, 여관에 두는 게 좋을지 알려 주시겠어요?"**

장사꾼의 말을 들은 욕심쟁이 할아버지는 빙그레 웃으며 대답했어요.

"그거야 당연히 같은 곳에 나란히 묻어야지."

"그렇죠? 이럴 것이 아니라 얼른 가지고 와서 묻어야겠습니다."

꾀보 장사꾼은 할아버지께 고개 숙여 인사를 하고는 서둘러 여관으로 향하는 척 뛰어갔어요. 이때다 싶었던 욕심쟁이 할아버지는 재빨리 금화 백 냥이 든 돈주머니를 원래 자리에 파묻고 돌아왔어요. 금화 이백 냥이 든 돈주머니까지 차지할 생각에 잔뜩 기분이 들뜬 채로 말이지요. 하지만 몰래 숨어서 이를 지켜보던 장사꾼은 부리나케 달려가 잃어버렸던 돈주머니를 챙겨들고 도시를 떠났답니다.

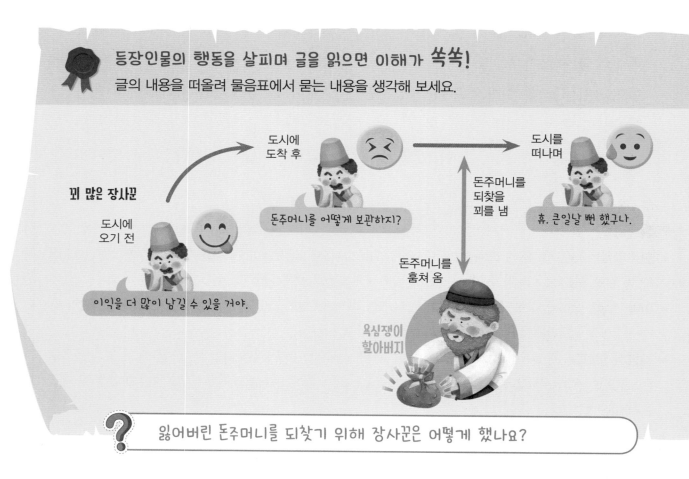

등장인물의 행동을 살피며 글을 읽으면 이해가 **쏙쏙!**
글의 내용을 떠올려 물음표에서 묻는 내용을 생각해 보세요.

꾀 많은 장사꾼

도시에 오기 전
이익을 더 많이 남길 수 있을 거야.

도시에 도착 후
돈주머니를 어떻게 보관하지?

돈주머니를 훔쳐 옴
욕심쟁이 할아버지

돈주머니를 되찾을 꾀를 냄

도시를 떠나며
휴. 큰일날 뻔 했구나.

? 잃어버린 돈주머니를 되찾기 위해 장사꾼은 어떻게 했나요?

1 이야기와 만나는 문장 쓰기   다음 문장을 빈칸에 따라 써 보세요.

"	금	화		이	백		냥	이		든		돈	주	머	니	도		같
이		묻	는		게		좋	을	지	,	여	관	에		두	는		게
좋	을	지		알	려		주	시	겠	어	요	?	"					

2 이해하는 문장 쓰기   욕심 많은 할아버지는 꾀보 장사꾼에게 금화 이백 냥이 든 돈주머니를 어떻게 하라고 말했나요?

욕심 많은 할아버지는   다.

3 생각을 발견하는 문장 쓰기   욕심 많은 할아버지가 그렇게 말한 이유는 무엇일까요?

할아버지는   때문입니다.

4 상상하는 문장 쓰기   여러분이 금화가 든 돈주머니를 가지고 도시에 막 도착한 장사꾼이라면 어떻게 행동했을까요?

내가 장사꾼이라면   다.

모아쓰기   위에서 답으로 쓴 네 문장을 연결해서 써 보세요. 하나의 근사한 글이 될 거예요.

행동으로 말하기

　아는 것이 많기로 유명한 랍비가 있었어요. 누구든 궁금한 점이 생기면 가장 먼저 이 랍비에게 찾아가 물어볼 정도로 말이에요.

　어느 날 랍비는 아끼는 제자 한 사람을 저녁 식사에 초대했는데요. 장에서 갓 사온 신선한 야채와 고기로 만든 스튜●, 오븐에 구운 닭 그리고 유대인식 감자전 라크스●까지 랍비는 온갖 정성을 다해 음식을 준비했어요. 음식을 모두 차리자 때마침 초인종이 울렸어요.

　"선생님, 안녕하세요. 초대해 주셔서 고맙습니다."

　문 앞에는 랍비가 초대한 제자가 서 있었어요.

　"어서 들어오너라."

　랍비는 반갑게 제자를 맞으며 식탁으로 안내했어요.

"이 음식을 모두 선생님께서 만드셨어요?"

제자는 식탁 위 먹음직스럽게 차려진 음식들을 보고 놀라움을 감추지 못했어요. 랍비는 자랑스러운 미소를 머금고 제자에게 말했어요.

"멋진 저녁 식사를 위해 이 정도 수고는 아무것도 아니지. 자, 이제 식사 전 기도문●은 네가 말해 보렴. 지난 시간에 가르쳐 준 기도문은 모두 외웠겠지?"

"저……, 그게……."

뜻밖의 말에 당황한 제자는 말문이 턱 막히고 말았어요. 랍비가 말한 기도문이 전혀 기억나지 않았거든요!

"좋아. 그럼 다른 기도문을 말해 보아라."

기분이 상한 랍비의 말에 더욱 긴장한 제자는 완전히 꿀 먹은 벙어리가 되고 말았어요. 기다리다 못한 랍비는 끝내 소리를 질렀어요.

"넌 도대체 그동안 뭘 배운 거냐? 기도문 하나 제대로 외우는 게 없다니 말이야!"

랍비의 꾸지람을 들은 제자는 고개를 푹 숙인 채 진땀만 흘릴 뿐이었어요. 아무 말 없는 두 사람 사이에는 차가운 공기만이 자리를 채웠어요. 맛있는 냄새를 풍기던 음식들도 모두 차갑게 식어버렸지요.

"이제 먹자."

랍비가 대신 기도문을 외우고 함께 저녁 식사를 시작했지만 두 사람은 무슨 맛인지도 모른 채 서둘러 식사를 마쳤어요.

"잘 먹었습니다. 선생님, 안녕히 계세요."

혹시 궁금하지 않았나요?

● **스튜** 고기와 갖은 야채를 넣고 볶은 후 물을 넣어 오래 끓인 서양식 국물 요리입니다.

● **라크스** 유대인들이 즐겨먹는 감자 요리입니다. 감자를 잘게 썰어 물기를 꼭 짠 뒤 큰 그릇에 담아 달걀, 빵가루, 소금, 후추 등을 넣어 버무려준 후 달군 팬에 구워 먹어요. '랏키'라고도 부르며 우리나라의 감자전과 거의 비슷합니다.

● **기도문** 유대인들을 '기도하는 민족'이라고도 하는데 그만큼 생활 속에서 기도를 많이 하기 때문이에요. 자주 기도하는 만큼 외워야 할 기도문도 여러 개이고요. 또 옛날에 쓰던 언어로 기도를 해야 하니 기억력이 나쁜 제자에게는 어려울 수밖에요.

식사를 끝낸 제자는 다급히 인사를 하고 돌아갔어요. 기대했던 저녁 식사 자리를 망친 후 랍비 역시 화가 풀리지 않은 채 새로운 한 주를 맞이했지요. 하루는 평소처럼 수업을 마친 랍비가 다른 제자에게서 뜻밖의 이야기를 듣게 되었어요.

"선생님. **그 친구가 아는 것은 많지 않지만 주변에서는 칭찬이 자자합니다.** 마음 씀씀이가 넓어서 늘 힘들고 어려운 사람에게 먼저 다가가 도움을 주거든요. 자기가 힘들게 번 돈을 가난한 친구들을 돕는 데 아낌없이 쓰고요. 말만 앞세우는 우리와 달리 행동으로 실천하는 친구여서 동갑내기인데도 배우는 게 많습니다."

그 말을 듣고 랍비의 얼굴은 홍당무처럼 빨갛게 변하고 말았어요.

'아이고. 내가 큰 실수를 하고 말았구나. 어렵고 긴 기도문을 줄줄 외운다 한들 행동하지 않으면 아무 소용이 없는 법인데 그걸 탓하기만 했으니……'

랍비는 지식의 많고 적음에 따라 상대를 평가한 자신의 태도를 크게 뉘우쳤어요. 그리고 앞으로는 자신도 아는 만큼 꼭 행동하리라고 다짐했답니다.

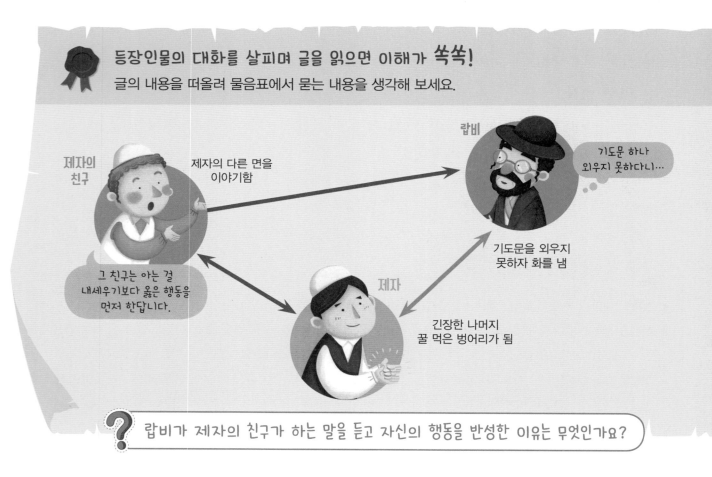

등장인물의 대화를 살피며 글을 읽으면 이해가 쏙쏙!
글의 내용을 떠올려 물음표에서 묻는 내용을 생각해 보세요.

제자의 친구
제자의 다른 면을 이야기함
그 친구는 아는 걸 내세우기보다 옳은 행동을 먼저 한답니다.

랍비
기도문 하나 외우지 못하다니…
기도문을 외우지 못하자 화를 냄

제자
긴장한 나머지 꿀 먹은 벙어리가 됨

? 랍비가 제자의 친구가 하는 말을 듣고 자신의 행동을 반성한 이유는 무엇인가요?

1 이야기와 만나는 문장 쓰기　다음 문장을 빈칸에 따라 써 보세요.

"	그		친	구	가		아	는		것	은		많	지		않	지	만
주	변	에	서	는		칭	찬	이		자	자	합	니	다	.	"		

2 이해하는 문장 쓰기　제자의 친구는 랍비의 제자가 어떤 사람이라고 말했나요?

제자의 친구는 　　　　　　　　　　　　　　　　　　　　　다.

3 생각을 발견하는 문장 쓰기　제자의 친구가 한 말을 듣고 랍비가 깨달은 것은 무엇인가요?

랍비는 　　　　　　　　　　　　　　　　　　　　　　　　다.

4 상상하는 문장 쓰기　여러분이 생각하기에 아는 것보다 행동하는 것이 더 중요한 이유는 무엇일까요?

행동은 　　　　　　　　　　　　　　　　　　　　　때문입니다.

● 모아쓰기 ●　위에서 답으로 쓴 네 문장을 연결해서 써 보세요. 하나의 근사한 글이 될 거예요.

형제가 잠을 설친 이유

옛날 한 마을에 우애가 좋기로는 1등으로 손꼽히는 형제가 살았어요. 형은 여러 해 전 결혼해서 아내와 아이가 있었고 동생은 아직 결혼을 하지 않은 총각이었어요. 의좋은 형제는 부모님이 물려주신 땅에서 함께 밀 농사를 지으며 서로를 돕고 지냈어요. 누구보다 부지런히 움직인 덕에 마을에서 농사를 가장 잘 짓기로도 유명했지요.

초록빛이던 형제의 밀밭에 황금빛 물결이 일어났어요. 어느덧 수확*의 시기가 성큼 다가온 거죠. 부지런한 형제는 올해도 마을에서 가장 먼저 추수*를 시작했어요. 밀을 모두 거둬들인 형제는 추수한 밀을 반으로 나누어 각각 자신들의 집 창고에 쌓아 놓았답니다.

그날 밤이었어요. 쉽게 잠자리에 들지 못했던 형은 문득 '아차'하고 무릎을 쳤어요. **'밀을 똑같이 나누다니 내가 큰 실수를 하고 말았구나.** 아우는 이제 곧 결혼을 해야 하

는데 형으로서 그걸 헤아려°주지 못했어.'

형은 잠자리를 빠져나와 곧장 창고로 향했어요. 그러고는 쌓여있던 밀을 커다란 주머니에 담아 동생의 창고로 옮겨놓았지요.

'이 정도면 됐겠지?'

서너 번 밀 주머니 옮기기를 반복한 형은 그제야 편안히 눈을 붙일 수 있었어요.

동생 역시 잠들기 어려운 건 마찬가지였어요.

'밀을 똑같이 나누다니 내 생각이 모자랐다. 형님께는 형수님과 어린 조카가 있는데 혼자 사는 내가 형님과 똑같은 양을 가져오다니. 이러고 있을 때가 아니야.'

동생은 벌떡 일어나 자신의 창고로 들어갔어요. 그리고 커다란 주머니에 밀을 담아 형의 창고에 가져다 놓았지요.

'이제 됐다. 이만하면 형님 살림에 좀 보탬이 되겠지.'

서너 번 밀 주머니 옮기기를 반복한 동생은 그제야 두 발을 뻗고 잠에 빠져들었어요.

아침이 되어 각자 자신의 창고로 간 형과 동생은 깜짝 놀라고 말았어요. 각자의 창고에 쌓인 밀이 전날에 비해 하나도 줄지 않았으니까요. 이유를 모르는 두 사람은 고개를 갸우뚱하며 밤이 되기를 기다렸어요.

다음 날, 또 그 다음 날도 똑같이 밀을 옮겼지만 밀은 매번 줄지 않고 그대로였지요. 마침내 나흘째 되는 날, 보름달이 훤히 뜬 이날 밤에도 형은 여지없이 밀을 옮기고 있었어요. 그러다 동생의 집 창고로 향하는 길목에서, 저 멀리 사람의 형체°가 다

혹시 궁금하지 않았나요?

- **추수**　가을에 여문 곡식을 거두어들이는 일이에요. '가을걷이'라고도 불러요. 사실 밀은 가을이 되기 전인 5~6월, 늦어도 8월 전에 거둬들여요. 주로 따뜻한 지역에서 키우는 밀은 유대인들이 키웠던 주요 작물 중 하나였답니다. 여러분이 이야기를 쉽게 이해할 수 있도록 익숙한 표현인 추수라는 단어를 사용했어요.
- **수확**　계절에 상관없이 다 익은 농작물을 거두어들이는 걸 말해요.
- **헤아리다**　짐작해서 가능하거나 미루어 생각하는 걸 말해요. 형은 동생이 결혼을 하려면 어느 정도 재산을 모아 두어야 한다고 미루어 생각했기 때문에 동생에게 좀 더 많은 밀을 주려고 했어요.
- **형체**　물건이나 사람의 생김새나 그 바탕이 되는 몸체에요.

가오는 것을 보았어요. 웬일인지 그 사람도 어깨에 커다란 주머니를 둘러메고 있지 않겠어요?

'이 밤중에 뭐하는 거지?'

궁금해하던 그때, 달빛에 서서히 몸을 드러낸 사람은 다름 아닌 동생이었어요!

"아우야!"

"형님!"

서로를 알아본 두 사람은 더욱 가까이 다가갔어요. 그러고는 서로의 어깨에 둘러멘 커다란 주머니를 쳐다보며 말했어요.

"이제 알겠다. 내 창고에 밀이 왜 하나도 줄어들지 않았는지 말이야."

"저도 이제 알겠어요. 제 창고에 밀이 하나도 줄지 않은 까닭을 말이죠."

손을 맞잡으며 한바탕 크게 웃은 두 사람, 형제는 꼭 잡은 두 손을 한동안 놓지 못했답니다.

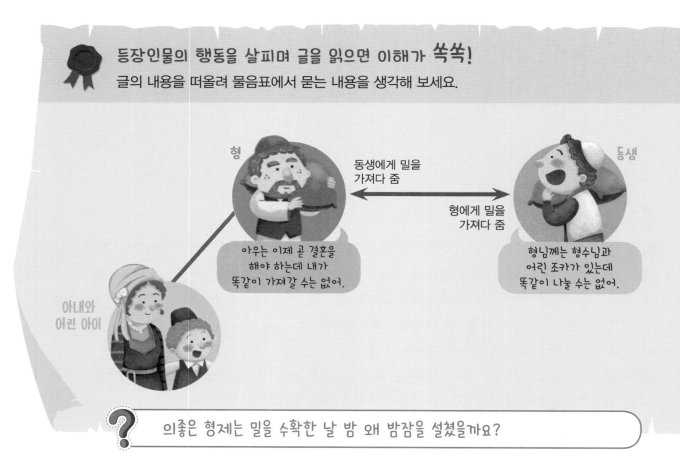

등장인물의 행동을 살피며 글을 읽으면 이해가 쏙쏙!
글의 내용을 떠올려 물음표에서 묻는 내용을 생각해 보세요.

형

동생

동생에게 밀을
가져다 줌

형에게 밀을
가져다 줌

아우는 이제 곧 결혼을
해야 하는데 내가
똑같이 가져갈 수는 없어.

형님께는 형수님과
어린 조카가 있는데
똑같이 나눌 수는 없어.

아내와
어린 아이

? 의좋은 형제는 밀을 수확한 날 밤 왜 밤잠을 설쳤을까요?

1 이야기와 만나는 문장 쓰기 다음 문장을 빈칸에 따라 써 보세요.

'	밀	을		똑	같	이		나	누	다	니		내	가		큰		실
수	를		하	고		말	았	구	나	.	'							

2 이해하는 문장 쓰기 밀을 수확한 날 밤, 잠에서 깬 형은 무엇을 했나요?

형은 　　　　　　　　　　　　　　　　　　　　　　　　 다.

3 생각을 발견하는 문장 쓰기 형이 밀을 동생에게 더 많이 주어야 한다고 생각한 이유는 무엇인가요?

동생은 　　　　　　　　　　　　　　　　　　　　　 때문입니다.

4 상상하는 문장 쓰기 여러분이 이야기 속 동생이라면 사랑하는 형이 날 위해 몰래 소중한 것을 양보해 주었을 때 어떤 기분일지 상상해 보세요.

내가 동생이라면 　　　　　　　　　　　　　　　　　　 다.

모아쓰기 위에서 답으로 쓴 네 문장을 연결해서 써 보세요. 하나의 근사한 글이 될 거예요.

어떤 사람이 되고 싶은가요?

다음 십자 낱말 퀴즈의 빈 칸에는 1장에서 읽었던 이야기 속 낱말들이 숨어 있어요.
십자 낱말 퀴즈를 풀면서 앞에서 읽었던 단어와 이야기가 무엇이었는지 떠올려 보세요.

※ '혹시 궁금하지 않았나요?' 코너에 나온 단어들을 참고하세요.

	②				
①			⑤		
			⑥		⑦
③	④				
		⑧			

가로 문제

① 어떤 일의 사무를 처리하는 사람
③ 가을에 여문 곡식을 거두어 들이는 일
⑥ 유대인들이 즐겨먹는 감자 요리
⑧ 나랏일을 보살피는 일 (16쪽 세 번째 줄 'OOOO 관리' 참고)

세로 문제

② 속으로 이리저리 따져 보는 일
④ 다 익은 농작물을 거두어들이는 일
⑤ 크고 넓은 잎을 가진 나무. 우리나라 말로는 '버즘나무'.
⑦ 고기와 갖은 야채를 넣고 뭉근하게 끓여낸 서양식 국물 요리

▶ 가이드북 56쪽에 정답

2장

어떻게 하면
좋을까요?

행동편

굴뚝 청소를 하고 나오면

재미있는 이야기를 들려주는 것으로 인기가 많은 랍비가 있었어요. 랍비가 이야기를 하면 아이들은 모두 토끼처럼 눈을 크게 뜨고 귀를 쫑긋 세우고는 했답니다.

따스한 햇살이 내리쬐고 꽃들이 화창하게 핀 어느 봄날이었어요. 살랑살랑 불어오는 봄바람이 코끝을 간지럽혔지요. 수업을 듣는 아이들의 마음도 구름처럼 둥둥 떠다녔어요. 아이들의 붕 뜬 마음을 알아차린 랍비가 말했어요.

"이렇게 화창한 날이면 생각나는 이야기가 있지. 한 번 들어 보겠니?"

"네!"

신이 난 아이들은 랍비의 말이 끝나기가 무섭게 큰 소리로 대답했어요. 랍비는 '흠흠' 목소리를 가다듬고 이야기를 시작했지요.

"오늘처럼 산들바람이 솔솔 불어오는 날이었어. 어느 마을에 어머니와 형제가 살았는데, 어머니가 형제에게 말했단다. **'오늘은 날이 맑으니 너희 둘이 함께 굴뚝 청소**

를 하면 좋겠구나'라고 말이야."

"선생님! 장마가 지났으니 굴뚝에는 그을음*이 잔뜩 끼어 있었을 텐데요?"

맨 앞에서 눈빛을 반짝이던 아이 하나가 랍비에게 물었어요. 랍비는 아이의 머리를 쓰다듬으며 말했어요.

"그렇지. 형제의 어머니는 장마가 시작되기 전에 시키려고 했지만 때를 놓쳤던 거야. 그래서 장마가 끝나자마자 형제에게 굴뚝 청소부터 시킨 거란다."

랍비와 아이들이 살던 시절에는 집집마다 굴뚝이 있어서 때가 되면 굴뚝 청소를 해야 했어요. 굴뚝에 생기는 그을음을 제때 청소해 주지 않으면, 벽난로가 제대로 작동하지 못하는 데다 불이 날 위험도 있기 때문이었지요.

"그래서 형제는 어떻게 했나요?"

아이들이 물었어요.

"형제는 어머니의 말대로 굴뚝 청소를 열심히 했단다. 그런데 청소가 모두 끝난 후 형제는 전혀 다른 모습이었어. 형은 얼굴에 그을음이 잔뜩 묻어 새까맣게 변했는데, 동생은 깨끗한 얼굴이었지 뭐냐. 자, 그럼 이제 내가 질문하마. 두 사람 중 누가 얼굴을 씻었을까?"

"저요!"

한 아이가 손을 번쩍 들며 소리쳤어요. 랍비가 손짓하자 자리에서 일어난 아이는 자신 있게 대답했어요.

"얼굴이 새까만 형이요!"

아이들이 고개를 끄덕였지만 랍비는 고개를 저으며 말했어요.

혹시 궁금하지 않았나요?

- **그을음** 어떤 재료가 불에 탈 때 연기에 섞여 나오는 먼지 모양의 검은 가루를 말해요. 굴뚝 내부에 들러붙은 그을음은 연기가 밖으로 빠져나가는 걸 방해해서 벽난로가 제대로 작동하지 못하게 해요. 불이 붙을 가능성까지 있어 위험하기도 하답니다.
- **의기양양** 자랑스럽게 뽐내면서 이야기하는 모양새를 뜻하는 한자말이에요.
- **영문** 일이 돌아가는 형편이나 그 까닭을 말하는데요. '영문을 모르겠다'는 말은 까닭이나 사정을 모르겠다는 의미예요.

"아니다. 그을음이 묻은 형은 얼굴이 깨끗한 동생을 보고 어떻게 생각했을까? 자신의 얼굴도 깨끗하다고 생각했겠지? 반대로 동생은 어떻게 생각했겠니?"

"동생이 얼굴을 씻었어요. 형처럼 얼굴이 새까매졌다고 생각했을 테니까요!"

또 다른 아이 하나가 일어나 의기양양●하게 말했어요. 랍비는 이번에도 고개를 가로저었어요. 아이들은 영문●을 몰라 고개를 갸우뚱했지요.

"정말 그럴까? 형제가 똑같이 굴뚝 청소를 했다면 누구는 얼굴이 새까맣고 누구는 얼굴이 깨끗할 수 있겠니? 둘 다 새까매졌을 거야. 그렇지 않니?"

"아하! 그럼 둘 다 씻었겠네요?"

한 아이가 소리치자 랍비는 그제야 고개를 끄덕이며 말했어요.

"어떠냐? 같은 질문이지만 대답은 달라졌지? 어떤 기준으로 바라보느냐, 어떤 상황이냐에 따라 대답은 얼마든지 달라질 수 있단다. 중요한 건 정답이 아니라 질문인 셈이지."

등장인물의 대화를 살피며 글을 읽으면 이해가 쏙쏙!
글의 내용을 떠올려 물음표에서 묻는 내용을 생각해 보세요.

랍비의 이야기

어머니
모처럼 날이 맑으니 굴뚝 청소를 하면 좋겠구나

굴뚝 청소 후

새까매진 형

깨끗한 동생

? 두 사람 중 굴뚝 청소 후에 얼굴을 씻은 사람은 누구일까요?

1 이야기와 만나는 문장 쓰기　다음 문장을 빈칸에 따라 써 보세요.

'	오	늘	은		날	이		맑	으	니		너	희		둘	이		함
께		굴	뚝		청	소	를		하	면		좋	겠	구	나	.	'	

2 이해하는 문장 쓰기　랍비의 이야기에서 어머니가 형제에게 굴뚝 청소를 시킨 이유는 무엇인가요?

어머니는　　　　　　　　　　　　　　　　　　　　　　　다.

3 생각을 발견하는 문장 쓰기　랍비는 마지막 질문에서 형제가 모두 굴뚝 청소를 했다면 어떻게 되었어야 한다고 했나요?

랍비는　　　　　　　　　　　　　　　　　　　　　말했습니다.

4 상상하는 문장 쓰기　랍비가 말한 것과는 다르게 청소를 한 뒤에도 형의 얼굴만 새까매질 수 있는 다른 이유는 없을까요?

내 생각에는　　　　　　　　　　　　　　　　　　　　다.

모아쓰기　위에서 답으로 쓴 네 문장을 연결해서 써 보세요. 하나의 근사한 글이 될 거예요.

단 하나의 유산

　　어느 마을에 어마어마한 재산을 가진 부자가 살았어요. 평소 돈보다 지식을 쌓는 일이 더 중요하다 생각했던 부자는 아들을 멀리 떨어진 이름난 학교에 보냈어요. 아들은 아버지의 뜻에 따라 학교에 다니며 열심히 공부에 힘을 쏟았지요.

　　하지만 아들이 먼 곳으로 떠나고 얼마 뒤 부자는 큰 병에 걸리고 말았답니다. 병은 날이 갈수록 점점 더 깊어져 생명이 위독●할 지경이었어요.

　　하루는 부자가 하인을 불러 말했습니다.

　　"아무래도 안 되겠다. 유언장●을 써야겠으니 종이를 다오."

　　하인은 부자에게 종이를 가져다주었습니다.

　　〈나의 모든 재산을 하인에게 물려준다. 단, 내 아들은 내 재산 중 원하는 것 딱 한 가지만을 선택해서 가질 수 있다.〉

　　부자는 이 같은 유서를 남기고 얼마 지나지 않아 숨을 거두고 말았어요.

"주인님! 주인님……, 흐흐흑."

하인은 부자의 죽음을 겉으로는 슬퍼했지만 속으로는 기뻐서 웃음이 나올 지경이었어요. 부자가 가지고 있던 엄청난 재산이 모두 자신의 것이 되었으니까요.

하인은 한시라도 빨리 재산을 차지하기 위해 서둘러 부자의 아들이 다니는 학교로 떠났어요. 학교에 도착한 하인은 부자의 아들에게 아버지의 죽음을 알렸어요. 부자가 쓴 유언장을 보여주면서 말이에요. 부자의 아들은 갑작스런 아버지의 죽음을 전해 듣고는 눈물을 뚝뚝 흘렸어요. 더구나 모든 재산을 하인에게 물려주다니. 아들은 유언장의 내용을 보고 크나큰 슬픔에 빠졌답니다.

'사랑하는 아버지가 돌아가신 일도 믿기 어렵지만, 아버지가 쓰셨다는 유언장은 더더욱 믿을 수 없어. **아버지는 날 사랑하지 않으셨던 걸까?** 도대체 왜 내게 이런 일이 생긴 걸까…….'

상심한 아들은 할 말을 잃고 말았어요. 장례식이 끝난 후 집으로 돌아간 아들은 정신을 가다듬고 다시 유언장을 펼쳐보았어요.

'아버지 글씨인 것으로 보아서는 아버지가 쓴 유언장이 분명해. 아버지가 하인에게 모든 재산을 물려주신다고 했지만 단 한 가지는 가질 수 있다고 하셨어. 그 말은 무슨 뜻일까?'

아들은 밤새 골똘히 생각해 보았지만 아버지의 깊은 뜻을 알 길이 없었어요. 아침이 밝자마자 아들은 존경하는 랍비를 찾아가 유언장을 보여 주며 물었어요.

"아버지의 글씨가 틀림없는데 도대체 왜 이렇게 쓰셨을까요?"

유언장을 찬찬히 들여다본 랍비가 말했어요.

"자네 아버지는 무척 현명하신 분이로군. 또 자네를 지극히도 사랑하셨어."

혹시 궁금하지 않았나요?

- **위독** 병이 매우 중해서 생명이 위태로운 지경을 말해요. 보통 '병이 위독하다, 생명이 위독하다'라고 표현한답니다.
- **유언장** 죽기 전에 남기는 말을 '유언'이라고 하고 이 말을 써놓은 종이 혹은 글 모음을 유언장이라고 해요.
- **낭비** 시간이나 돈, 물건을 마구 써버리는 걸 말해요. 부자는 자신이 소중히 모은 재산을 하인이 아들에게 숨기고 낭비하는 일이 일어날까 봐 유산을 물려주는 척했지요.

"그게 무슨 말이죠?"

"내 말을 들어 보게. 아버지는 자신이 죽고 난 후를 걱정하신 거야. 하인이 자네에게 아버지의 죽음을 알리지 않고 재산을 가로채 달아나거나, 낭비[•]할 경우를 미리 생각하신 거야. 그래서 모든 재산을 하인에게 주기로 하신 거지. 재산을 모두 물려받는다고 생각한 하인은 당연히 한시라도 빨리 자네에게 아버지의 죽음을 알릴 게 아닌가? 재산 또한 소중히 간직한 채 말일세."

"설령 그렇다 해도 결과적으로 전 빈털터리가 되고 만 걸요."

"자네는 아버지를 따라가려면 한참 멀었네. 생각해 보게나. 하인의 재산은 누구의 것인가? 아버지가 자네에게 주겠다는 단 한 가지는 무엇이겠나?"

아들은 자리에서 벌떡 일어나 랍비에게 넙죽 절을 했어요. 그리고 기쁜 마음으로 집으로 돌아왔지요. 아들은 아버지의 재산 중 하인을 선택했고, 재산은 당연히 모두 아들의 것이 되었답니다.

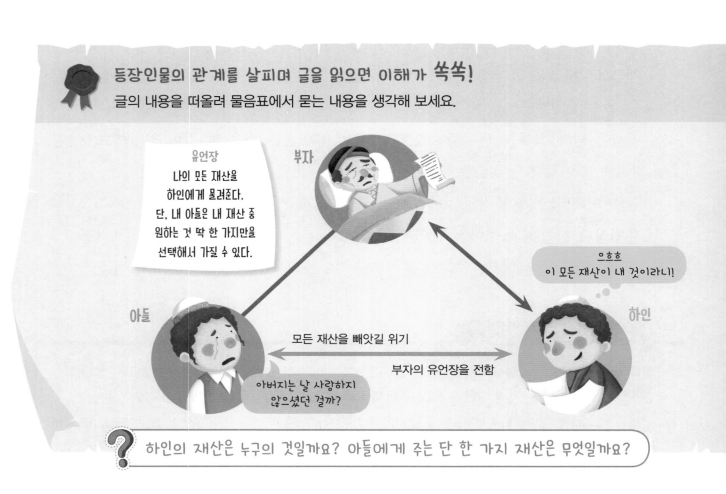

등장인물의 관계를 살피며 글을 읽으면 이해가 쏙쏙!
글의 내용을 떠올려 물음표에서 묻는 내용을 생각해 보세요.

유언장
나의 모든 재산을 하인에게 물려준다.
단, 내 아들은 내 재산 중 원하는 것 딱 한 가지만을 선택해서 가질 수 있다.

부자

으흐흐
이 모든 재산이 내 것이라니!

아들

아버지는 날 사랑하지 않으셨던 걸까?

모든 재산을 빼앗길 위기

부자의 유언장을 전함

하인

? 하인의 재산은 누구의 것일까요? 아들에게 주는 단 한 가지 재산은 무엇일까요?

1 이야기와 만나는 문장 쓰기 다음 문장을 빈칸에 따라 써 보세요.

'	아	버	지	는		날		사	랑	하	지		않	으	셨	던		걸
까	?	'																

2 이해하는 문장 쓰기 아들은 왜 아버지가 남긴 유언장을 보고 슬퍼했나요?

아들은   슬퍼했습니다.

3 생각을 발견하는 문장 쓰기 아버지가 하인에게 모든 재산을 남긴 이유는 무엇일까요?

아버지는   다.

4 상상하는 문장 쓰기 아버지의 지혜는 놀라웠지만 아들이 엉뚱한 선택을 했다면 모든 재산을 잃었을 텐데요. 여러분이 죽음을 앞둔 아버지였다면 어떻게 행동했을까요?

내가 아버지였다면   다.

모아쓰기 위에서 답으로 쓴 네 문장을 연결해서 써 보세요. 하나의 근사한 글이 될 거예요.

_____

_____

_____

_____

배고픈 여우의
선택

꼬르륵, 꼬륵……, 꼬르륵.

이틀째 아무것도 먹지 못한 여우가 먹이를 찾아 어슬렁거렸어요.

"아이고, 배고파. 어디 먹을 게 없나?"

어느새 여우는 먹이를 찾아 마을 어귀까지 내려오게 되었습니다. 그때였어요. 더는 걸을 힘조차 없었던 여우의 코끝에 향긋한 과일향이 스쳐 지나갔어요.

"아, 달콤한 냄새. 분명 이 주변에 뭔가가 있어."

두리번거리던 여우의 눈에 커다란 포도밭이 들어왔어요. 포도밭은 탱글탱글 주렁주렁 열린 포도들로 가득 차 있었어요. 향긋하고 달콤한 포도향에 여우의 입안은 벌써부터 군침이 가득했어요.

여우는 당장 포도밭에 뛰어들고 싶은 마음이 굴뚝같았지만 안타깝게도 포도밭은 단단한 울타리로 둘러싸여 있었어요.

'어딘가 빈틈이 있을지도 몰라.'

배고픈 여우는 포도밭 주위를 맴돌며 꼼꼼히 울타리를 살펴보았어요. 울타리 주변을 왔다갔다 해 보았지만 좀처럼 틈새는 보이지 않았지요.

'휴, 지친다. 지쳐.'

그 자리에 털썩 주저앉은 여우는 멍하니 울타리만 바라보았어요.

'어? 그런데 저게 뭐지?'

한참동안 울타리를 쳐다보던 여우가 울타리 아래 검은 그늘을 발견했어요. 가까이 다가가 살펴보니 울타리에 작은 공간이 보이는 게 아니겠어요? 여우는 드디어 포도를 먹을 수 있겠다는 생각에 잔뜩 신이 났어요.

하지만 이번에도 상황은 호락호락●하지 않았어요. 여우가 통과하기에는 구멍이 너무 작았거든요. 고민 끝에 여우는 몸을 더 홀쭉하게 만들어야겠다고 생각했어요. 하루, 이틀, 사흘을 굶은 여우의 배는 홀쭉하다 못해 움푹 들어가 있었어요. 여우는 마지막으로 딱 한 번만 시도●해 보고 이번에도 안 되면 뒤돌아설 작정이었어요. 그런데 어머나! 드디어 여우의 몸이 구멍을 쑤욱 통과했어요.

"포도밭에 들어왔어!"

기쁨도 잠시, 배가 고파 죽을 지경이었던 여우는 허겁지겁 포도를 따먹기 시작했어요. 달콤한 포도알을 우적우적 씹어 삼키기 바빴지요. 포도밭의 포도는 여우의 굶주린 배를 채우고도 남았어요. 물리도록 실컷 포도를 먹은 여우는 부른 배를 두드리며 생각했어요.

혹시 궁금하지 않았나요?

- **어귀** 마을을 드나드는 첫머리를 말해요. 여우는 숲에서 먹을 것을 찾을 수 없어 마을로 들어가는 입구까지 내려왔지요.
- **호락호락** 일이나 사람이 만만해서 다루기 쉬운 상태를 말해요.
- **시도** 어떤 일을 이루어 보려고 계획하거나 행동하는 것을 의미해요. 어떤 일이든 시도해 보지도 않고 포기하면 안 되겠죠?

'어휴. 배불러. 더는 못 먹겠어. 배도 채웠으니 이제 슬슬 밖으로 나가볼까?'

여우는 들어왔던 구멍으로 몸을 넣어 보았어요. 그런데 이게 웬일일까요? **포도를 먹고 나니 몸이 좀처럼 구멍 안으로 들어가지 않았어요.** 며칠 동안 굶은 후에야 통과할 수 있었던 구멍이었으니 배부른 여우가 통과할 수 없는 건 당연한 일이었지요.

'이런……, 다시 굶어야 하는 거야?'

여우는 어쩔 수 없이 다시 굶기 시작했어요. 주렁주렁 맛있게 열린 포도를 앞에 두고도 마른 침만 꼴깍꼴깍 삼켜야 했지요. 하루, 이틀, 사흘, 나흘……, 드디어 포도밭에 들어왔을 때처럼 배가 홀쭉해진 다음에야 겨우 구멍을 통과할 수 있었답니다.

"배가 고픈 건 처음이나 지금이나 마찬가지구나."

구멍에서 빠져나온 여우가 뒤돌아 포도밭을 바라보며 말했어요. 포도를 먹을 생각에만 빠져 포도밭에서 나올 방법을 궁리하지 못한 자신을 한심하다고 생각하면서 말이에요.

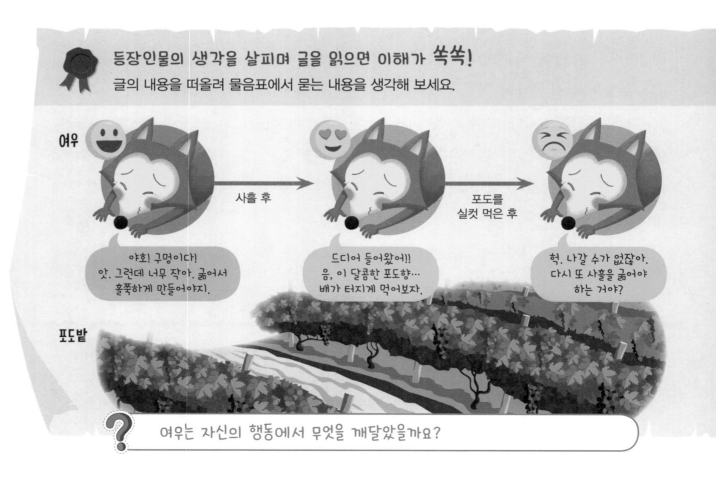

등장인물의 생각을 살피며 글을 읽으면 이해가 쏙쏙!
글의 내용을 떠올려 물음표에서 묻는 내용을 생각해 보세요.

여우

야호! 구멍이다! 앗. 그런데 너무 작아. 굶어서 홀쭉하게 만들어야지.

사흘 후

드디어 들어왔어!! 음, 이 달콤한 포도향… 배가 터지게 먹어보자.

포도를 실컷 먹은 후

헉. 나갈 수가 없잖아. 다시 또 사흘을 굶어야 하는 거야?

포도밭

? 여우는 자신의 행동에서 무엇을 깨달았을까요?

✎ 다음 네 가지 질문에 대한 답을 각각 한 문장으로 써 보세요.

1 이야기와 만나는 문장 쓰기　다음 문장을 빈칸에 따라 써 보세요.

포	도	를		먹	고		나	니		몸	이		좀	처	럼		구	멍
안	으	로		들	어	가	지		않	았	어	요	.					

2 이해하는 문장 쓰기　여우는 울타리를 빠져나오기 위해 어떻게 해야 했나요?

여우는 　　　　　　　　　　　　　　　　　　　　　　　　　　다.

3 생각을 발견하는 문장 쓰기　여우는 포도를 먹을 생각만 하고 포도밭을 나올 생각은 하지 못한 자신이 어떻게 느껴졌나요?

여우는 　　　　　　　　　　　　　　　　　　　　　　　　　　다.

4 상상하는 문장 쓰기　여러분이 여우였다면 어떻게 포도를 먹었을까요?

내가 여우였다면 　　　　　　　　　　　　　　　　　　　　　다.

모아쓰기　위에서 답으로 쓴 네 문장을 연결해서 써 보세요. 하나의 근사한 글이 될 거예요.

_____

_____

_____

_____

_____

언제 배를 타야 할까?

부우웅~

백여 명의 승객을 태운 여객선*이 뱃고동 소리를 울리며 항구를 빠져나갔어요. 화창한 날씨만큼이나 긴 여행을 떠나는 승객들의 마음도 들떠 있었지요.

항구를 떠난 지 일주일 정도 지난 어느 날이었어요. 아침부터 하늘이 심상치 않았어요. 먹구름이 몰려오고 강한 바람이 불어 배가 흔들렸지요. 얼마 지나지 않아 잔잔하던 바다에 집채만 한 파도가 몰아쳤어요. 여객선은 이리저리 흔들리며 높은 파도에 이끌려 오르락내리락을 반복했어요. 물건들은 바닥에 떨어져 나뒹굴고 사람들은 손잡이를 꽉 잡으며 폭풍우가 지나가기만을 바라고 있었지요.

다음날 아침, 폭풍우가 그치고 바다는 언제 그랬냐는 듯 평온을 되찾았어요. 다행히 몇몇 사람이 다쳤을 뿐 승객과 승무원 모두 무사했고요. 하지만 엔진이 고장 나서 배를 멈출 수밖에 없었어요. 고민에 빠져있던 선장의 귀에 선원 한 명이 크게 외치는 소리가 들렸어요.

"선장님! 동쪽 방향에 섬이 보입니다!"

선장은 우선 선원 네 사람에게 섬을 정찰°하고 돌아오라는 명령을 내렸어요.

"와! 물이다!"

"저기 나무 좀 봐. 먹음직스런 열매가 주렁주렁 달려 있어."

선원이 발견한 섬은 아무도 살지 않는 무인도°였지만 아름다운 꽃이 가득 피어있고 달콤한 열매와 먹을 물이 있는 곳이었어요. 정찰을 떠난 선원들은 물과 과일을 가져와 선장에게 보여 주었어요.

선장은 승객들을 대표하는 네 사람에게 말했어요.

"저 무인도는 물과 과일이 있는 아름다운 섬입니다. 섬에 내려 쉬겠습니까? **만약 섬에 가더라도 엔진을 고치고 적당한 바람이 불면 곧바로 돌아와야 합니다.**"

첫 번째 사람이 말했어요.

"배에 남아 있는 게 좋겠소. 엔진을 고치는 대로 바로 출발할 수 있도록 말이오."

두 번째 사람이 말했어요.

"섬으로 가되 물과 과일만 먹고 다시 돌아옵시다. 잠시 쉬는 것도 괜찮을 거요."

세 번째 사람이 말했어요.

"섬에 가더라도 배가 떠나기 전에만 돌아오면 되지 않소. 걱정 마시오."

네 번째 사람이 말했어요.

"배가 언제 고쳐질지 누가 알겠소? 이왕이면 이번 기회에 섬에서 푹 쉬다 옵시다."

첫 번째 사람을 제외한 세 사람은 섬으로 가기를 원했어요. 네 사람의 의견에 따라 승객들도 네 부류로 나뉘었지요. 두 번째, 세 번째, 네 번째 대표를 따라 많은 사

혹시 궁금하지 않았나요?

- **여객선** 기차나 비행기, 배로 여행하는 사람을 '여객'이라고 하고 여객을 정해진 시간이나 기간 동안 목적지로 태워 나르는 배를 여객선이라고 해요.
- **정찰** 필요한 정보를 얻기 위해 어떤 지역의 분위기나 상황, 땅을 살펴보는 일을 말해요.
- **무인도** 사람이 살지 않는 섬이에요. 우리나라에도 약 2800여 개의 무인도가 있어요. 3358개의 우리나라 전체 섬 중 80%가 무인도라니 놀랍지 않나요?

람들이 배에서 내려 섬으로 들어갔어요.

몇 시간이 지났을까요. 여객선이 뱃고동 소리를 울렸어요. 엔진을 다 고친 여객선이 떠나야 할 시간이라는 걸 알리는 소리였지요. 두 번째 대표를 따르던 사람들은 이미 여객선에 도착해 있었어요. 세 번째 대표를 따르던 사람들은 마지막 뱃고동 소리를 듣고 부리나케 배로 돌아왔어요. 떠나려는 배를 붙잡으려 뛰어가던 사람들은 바위에 상처를 입기도 하고 바다에 뛰어들어 온 몸이 젖기도 했어요. 그럼 네 번째 대표를 따르던 사람들은 어떻게 했을까요? 그들은 배에 오를 생각조차 하지 않았어요.

"아무렴 어때. 여기도 살기 좋은걸."

가야 할 목적지를 잊어버린 사람들은 섬 생활을 즐기기에 바빴어요. 영영 배에 오를 기회가 사라졌는데도 말이에요. 배가 떠난 지 한 달 후, 네 번째 대표를 따르던 사람들은 모두 죽고 말았어요. 섬에서 먹을거리가 떨어지자 서로 싸우거나 굶다 지쳐 쓰러졌기 때문이랍니다.

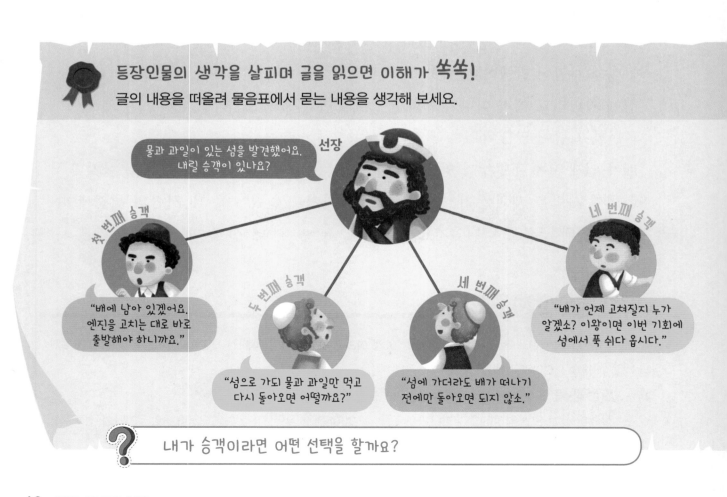

등장인물의 생각을 살피며 글을 읽으면 이해가 쏙쏙!
글의 내용을 떠올려 물음표에서 묻는 내용을 생각해 보세요.

선장
물과 과일이 있는 섬을 발견했어요. 내릴 승객이 있나요?

첫 번째 승객
"배에 남아 있겠어요. 엔진을 고치는 대로 바로 출발해야 하니까요."

두 번째 승객
"섬으로 가되 물과 과일만 먹고 다시 돌아오면 어떨까요?"

세 번째 승객
"섬에 가더라도 배가 떠나기 전에만 돌아오면 되지 않소."

네 번째 승객
"배가 언제 고쳐질지 누가 알겠소? 이왕이면 이번 기회에 섬에서 푹 쉬다 옵시다."

? 내가 승객이라면 어떤 선택을 할까요?

1 이야기와 만나는 문장 쓰기   다음 문장을 빈칸에 따라 써 보세요.

"	만	약		섬	에		가	더	라	도		엔	진	을		고	치	고
적	당	한		바	람	이		불	면		곧	바	로		돌	아	와	야
합	니	다	.	"														

2 이해하는 문장 쓰기   첫 번째 대표는 선장의 말에 뭐라고 대답했나요?

첫 번째 대표는   다.

3 생각을 발견하는 문장 쓰기   네 번째 대표와 그를 따르는 무리는 배가 떠날 때 어떻게 행동했나요?

네 번째 대표는   다.

4 상상하는 문장 쓰기   여러분이 승객이었다면 몇 번째 대표의 의견에 따라 어떻게 행동했을까요?

내가 승객이었다면   다.

모아쓰기   위에서 답으로 쓴 네 문장을 연결해서 써 보세요. 하나의 근사한 글이 될 거예요.

임금이 부럽지 않은 이유

어느 항구도시에 무역으로 아주 큰 돈을 번 부자가 있었어요. 부자는 돈이 많았을 뿐만 아니라 마음씨도 좋아 누구에게나 칭송*을 받았답니다. 부자는 돈 만큼이나 거느리는 노예*도 많았어요. 그 중 부자의 일이라면 물불 가리지 않고 뛰어들어 일했던 노예가 있었습니다. 하루는 부자가 그 노예를 자신의 방으로 불렀어요.

"지금처럼 큰 성공을 거두고 많은 재산을 가질 수 있게 된 건 모두 네 덕분이다. 너의 영리한 머리와 발 빠른 행동 덕분에 내 재산이 열 배 넘게 늘어났구나. 나도 고마움의 표시를 하고 싶으니 원하는 게 있으면 뭐든지 말해 보아라."

부자의 인자한 얼굴을 올려다보던 노예가 조심스럽게 말을 꺼냈어요.

"정말 원하는 것은 뭐든 들어주시겠습니까?"

부자는 고개를 끄덕였어요. 망설이던 노예는 떨리는 목소리로 말했어요.

"자유……, 자유입니다."

부자는 노예의 손을 잡아 일으켰어요. 그리고 한 치의 망설임도 없이 대답했어요.

"좋다. 자유를 주지. 그리고 배 한 척을 내주마. 배를 타고 넓은 세상으로 나가서 네가 원하는 곳에서 하고 싶은 일을 하며 살도록 하라."

부자는 다음 날 노예에게 배 한 척을 내어주고 금과 은, 곡식 등을 잔뜩 실어주었답니다. 부자에게 마지막 인사를 한 노예는 배에 올라 항해를 시작했어요.

하지만 배는 항구를 떠난 지 얼마 지나지 않아 거친 폭풍을 만나고 말았어요. 폭풍우 속에 배는 부서지고 노예가 받은 재산은 모두 바다 깊은 곳으로 가라앉았답니다. 배도 재산도 모두 잃은 노예는 간신히 목숨만 건진 채 이름 모를 섬에 다다랐어요.

"여긴 도대체 어디지?"

해변으로 밀려온 노예는 정신을 차리고 섬 주변을 돌아보았어요. 섬에서 가장 높은 산꼭대기에 오른 노예는 발아래 펼쳐진 모습에 눈을 의심하지 않을 수 없었어요. 산 아래에는 수많은 집들과 사람들이 있었거든요. 마을로 내려간 노예는 또 한 번 깜짝 놀랐어요. 마을의 제사장*이 빈털터리인 자신에게 임금이 되어주기를 부탁했거든요.

"임금이라고요?"

놀란 노예에게 제사장이 말했어요.

"바다에서 온 사람에게 일 년 동안 임금이 되어 주길 요청하는 것은 우리의 전통입니다. 일 년이 지난 후 우리 섬 맞은편 '죽음의 섬'으로 가야하는 것 역시 전통이지요. 당신은 우리의 전통을 꼭 따라야 합니다."

혹시 궁금하지 않았나요?

- **칭송** 훌륭하다고 칭찬하는 것을 말해요. 찬양하다, 칭찬하다라는 말도 비슷한 뜻으로 쓰입니다.
- **노예** 다른 사람의 소유물이 되어 부림을 당하는 사람을 뜻해요. 지금으로부터 훨씬 더 예전에는 전쟁에서 이긴 사람들이나 땅을 빼앗은 사람들이 원래 살던 사람들을 데려와 물건처럼 사고팔았답니다.
- **제사장** 신령이나 죽은 사람을 위해 음식을 바치는 등의 일을 '제사'라고 하고 이러한 제사를 맡아하는 사람을 제사장이라 일컫는답니다.

죽음의 섬은 먹을 것도 마실 물도 없어 사람이 살 수 없는 무인도였어요. 노예는 제사장의 말을 곱씹어 생각해 보았어요. 그러다 기막힌 방법이 떠올라 섬의 전통대로 임금이 되기로 했답니다.

임금이 된 노예는 섬 사람들에게 말했어요.

"죽음의 섬에 샘을 파고 과일나무를 옮겨 심어라. 땅을 일구고 곡식의 씨도 뿌려 가꾸어라."

약속한 일 년이 지나고 노예는 임금의 자리에서 내려와 죽음의 섬으로 쫓겨났어요. 이때 노예를 따르던 사람들도 함께 죽음의 섬으로 갔는데요, 사람들은 깜짝 놀라 입을 다물지 못했어요. 죽음의 섬이 수많은 과일나무로 **빽빽**하고 곡식이 풍부하며 맑은 물이 흐르는 생명의 땅이 되어 있었기 때문이에요. 노예는 그를 따르는 섬 사람들과 생명의 땅에서 새로운 출발을 할 수 있었답니다.

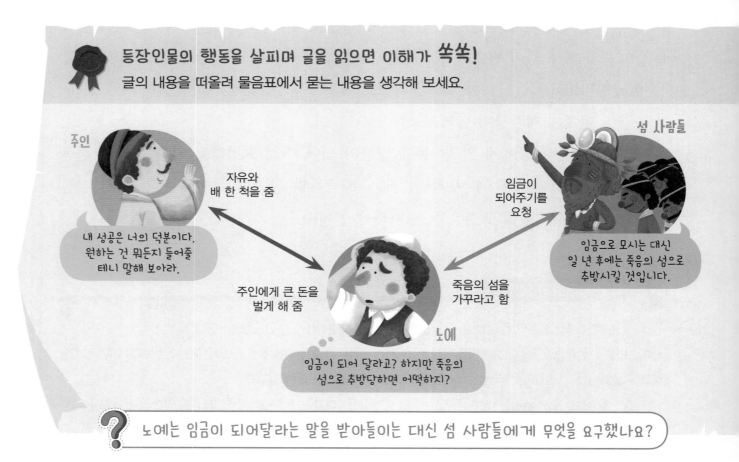

등장인물의 행동을 살피며 글을 읽으면 이해가 쏙쏙!
글의 내용을 떠올려 물음표에서 묻는 내용을 생각해 보세요.

주인
자유와 배 한 척을 줌
내 성공은 너의 덕분이다. 원하는 건 뭐든지 들어줄 테니 말해 보아라.

섬 사람들
임금이 되어주기를 요청
임금으로 모시는 대신 일 년 후에는 죽음의 섬으로 추방시킬 것입니다.

주인에게 큰 돈을 벌게 해 줌

죽음의 섬을 가꾸라고 함

노예
임금이 되어 달라고? 하지만 죽음의 섬으로 추방당하면 어떡하지?

? 노예는 임금이 되어달라는 말을 받아들이는 대신 섬 사람들에게 무엇을 요구했나요?

1 이야기와 만나는 문장 쓰기 다음 문장을 빈칸에 따라 써 보세요.

"	죽	음	의		섬	에		샘	을		파	고		과	일	나	무	를
옮	겨		심	어	라	.	"											

2 이해하는 문장 쓰기 노예의 명령으로 죽음의 섬은 어떻게 변했나요?

죽음의 섬은   다.

3 생각을 발견하는 문장 쓰기 일 년 뒤 달라진 죽음의 섬에 도착한 노예는 어떤 기분이었을까요?

노예는   다.

4 상상하는 문장 쓰기 내가 노예였다면 임금이 되었을 때 어떤 명령을 내리고 싶은가요?

내가 노예였다면   다.

모아쓰기 위에서 답으로 쓴 네 문장을 연결해서 써 보세요. 하나의 근사한 글이 될 거예요.

_____

_____

_____

_____

어떻게 하면 좋을까요?

2장에서는 등장인물들이 모두 선택에 기로에 놓였습니다. 굴뚝 청소 후 얼굴을 씻어야 할지 말지,
포도밭에 들어가기 위해 굶어야 할지 말지, 아버지의 유언장을 받고 어떤 결정을 내려야 할지……
각각의 이야기에 나온 등장인물들이 어떤 선택을 했는지 선으로 연결해 보세요.

| 여섯 번째 날 | 성에서 물과 과일만 먹고 |
| **굴뚝청소 형제** | 곧바로 배로 돌아온다. |

| 일곱 번째 날 | 더러워진 얼굴을 세안한다. |
| **배고픈 여우** | |

여덟 번째 날	샘을 파고 과일나무를
유언장을 받은 아들	심어 죽음의 섬을
	생명의 섬으로 바꾼다.

| 아홉 번째 날 | 좁은 구멍을 통과하기 위해 |
| **여객선에 탄 두 번째 승객 무리** | 쫄쫄 굶는다. |

열 번째 날	유언장에 따라
임금이 된 노예	가질 수 있는 단 한 가지
	재산으로 하인을 지목한다.

▶ 가이드북 56쪽에 정답

3장

어떤	감정을		
느끼나요?			

감정편

거미를 싫어한 임금님

다윗●과 골리앗의 이야기를 들어본 적 있나요? 양치기 소년이었던 다윗이 거인 골리앗을 물리친 이야기 말이에요. 골리앗과의 싸움으로 유명해졌던 다윗은 자라서 지혜롭고 현명●한 이스라엘의 두 번째 왕이 되었어요. 이스라엘 사람들은 모두 그런 다윗왕을 사랑했지요. 하지만 다윗왕은 유독 무서워하는 것이 있었어요.

"저기 저 거미줄이 보이지 않느냐? 당장 치워라. 거미도 어서 없애버려!"

신하들은 다윗왕의 말대로 거미줄을 치우고 보이는 대로 거미를 없애기는 했지만 왕궁의 모든 거미를 없앨 수는 없는 노릇이었어요. 보다 못한 한 신하가 용기를 내어 다윗왕에게 말했어요.

"임금님. 거미는 우리에게 이로운 곤충입니다. 거미줄을 쳐서 해로운 곤충들을 잡 아먹으니 어느 정도는 놔두는 것도 도움이 되지 않겠습니까?"

"싫다! 아무리 그렇대도 난 거미가 싫어. 보기만 해도 더럽고 지저분하다는 생각이 드는 걸 어쩌겠느냐. **앞으로 절대 내 눈 앞에 거미가 보이지 않도록 해 다오.**"

다윗왕은 충성스러운 신하의 말에도 아랑곳없이 거미를 없애라고 명령했어요. 신하들은 다윗왕의 말대로 보이는 족족 거미를 없애고는 했답니다.

몇 년 후 이스라엘에 적이 쳐들어왔어요. 상황이 다급해지자 다윗왕이 직접 전쟁터로 향했어요. 하지만 적군의 수가 너무 많아서 이스라엘의 군인들이 적에게 밀리기 시작했어요.

"임금님! 지금 바로 몸을 피하셔야 합니다. 적들이 언제 들이닥칠지 모릅니다."

다윗왕과 병사들은 적군을 피해 숲으로 도망쳤어요.

"임금님. 마침 이 앞에 동굴이 있습니다. 오늘 밤은 거기서 보내는 게 어떨까요?"

맨 앞에서 왕을 호위°하던 장군이 말했어요. 다윗왕은 고개를 끄덕이며 동굴로 향했어요. 마지막 병사 두 사람은 동굴 입구를 나무로 가려 놓고 동굴로 따라 들어갔답니다. 지친 병사들은 이내 잠에 빠져들었어요.

'이대로 패배할 수는 없어. 적군을 피해 적진°에 들어가는 법을 생각해야 한다.'

다윗왕은 힘들고 피곤했지만 정신만은 또렷했지요. 서서히 날이 밝아왔어요. 동굴 틈 사이에도 빛이 새어 들어오고 있었어요.

"동굴이다!"

동굴 밖에서 누군가가 외치는 소리가 들렸어요. 적군이 동굴을 발견하고 말았던 것이죠. 다윗왕은 숨을 죽이고 이들의 말에 귀를 기울였어요.

"이 동굴을 살펴보자. 다윗왕이 숨었을지 몰라."

혹시 궁금하지 않았나요?

- **다윗** 다윗은 거인 골리앗을 돌팔매질로 물리쳐서 이스라엘을 승리로 이끌었어요. 후에 이스라엘의 두 번째 왕이 되었고 시인이자, 장군으로도 대단한 능력을 보여줬대요.
- **현명** 어질 현(賢) 밝을 명(明)자로 만들어진 어질고 슬기롭다는 뜻의 한자어입니다. 현명한 사람이 왕이 된다면 전쟁과 같은 어려운 시기도 잘 극복해낼 수 있겠지요?
- **호위** 따라다니면서 곁에서 보호하고 지키는 것을 말해요.
- **적진** 적들이 모여 있는 곳을 가리켜요.

적들이 다가오는 발소리에 다윗왕은 바짝 긴장했어요. 옆에 있던 장군도 칼을 든 채 마른침을 삼켰답니다.

바로 그때였어요. 멀리서 장군처럼 보이는 남자가 명령하는 목소리가 들려왔어요.

"시간 낭비할 필요 없다. 다윗왕이라면 이런 거미줄이 가득한 동굴에는 들어가지 않았을 거야."

"맞다. 다윗왕은 거미줄을 지독하게 싫어하는 걸로 유명하지? 아무리 급해도 거미줄이라면 질색하는 다윗왕이 동굴에 들어갈 리가 없지."

막 동굴로 들어오려던 병사가 장군의 말을 듣고는 혼잣말을 하며 발길을 돌렸어요. 그제야 한숨 돌린 다윗왕은 생각했지요.

'어둡고 피곤해서 거미줄을 보지 못했는데, 거미줄 덕분에 내 목숨을 건졌구나……'

이 일을 계기로 다윗왕은 아무리 자신이 싫어하는 것이라도 언젠가 도움이 될 수 있다는 사실을 깨달았답니다.

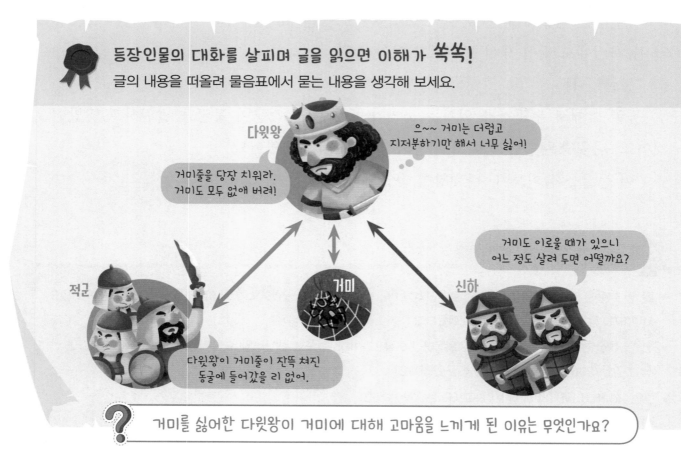

등장인물의 대화를 살피며 글을 읽으면 이해가 쏙쏙!
글의 내용을 떠올려 물음표에서 묻는 내용을 생각해 보세요.

다윗왕
으~~ 거미는 더럽고 지저분하기만 해서 너무 싫어!
거미줄을 당장 치워라. 거미도 모두 없애 버려!

적군
다윗왕이 거미줄이 잔뜩 쳐진 동굴에 들어갔을 리 없어.

거미

신하
거미도 이로울 때가 있으니 어느 정도 살려 두면 어떨까요?

? 거미를 싫어한 다윗왕이 거미에 대해 고마움을 느끼게 된 이유는 무엇인가요?

1 이야기와 만나는 문장 쓰기   다음 문장을 빈칸에 따라 써 보세요.

"	앞	으	로		절	대		내		눈		앞	에		거	미	가
보	이	지		않	도	록		해		다	오	.	"				

2 이해하는 문장 쓰기   다윗왕은 무엇 때문에 거미를 없애 달라고 말했나요?

다윗왕은   다.

3 생각을 발견하는 문장 쓰기   다윗왕을 쫓던 적들은 거미줄이 있는 동굴 앞에서 어떤 생각을 했을까요?

적들은   다.

4 상상하는 문장 쓰기   내가 거미 덕분에 목숨을 구한 다윗왕이었다면 어떤 기분을 느꼈을까요?

내가 다윗왕이었다면   다.

모아쓰기   위에서 답으로 쓴 네 문장을 연결해서 써 보세요. 하나의 근사한 글이 될 거예요.

나무 심는 할아버지

가지마다 푸릇푸릇한 새싹이 올라오는 봄날이었어요. 전날 내린 비로 땅도 아주 촉촉했지요. 화창한 날씨 덕분에 누구나 절로 미소가 지어지는 날이었답니다.

마을에서 가장 나이가 많은 할아버지가 집 밖으로 나갈 채비*를 했어요. 일곱 살 남짓한 손녀가 다가와 할아버지께 여쭈었어요.

"할아버지 어디 가세요?"

"응. 이렇게 좋은 날 집에만 있어서야 되겠니? 밖에 나가 바람도 쐬고 미뤄두었던 일도 좀 해야겠구나. 너도 같이 가겠니?"

할아버지의 말에 손녀는 신이 나 대답했어요.

"네. 좋아요! 당장 나가요."

할아버지는 뒤뜰에 놓아둔 커다란 포대를 어깨에 메더니 마을 뒤 숲을 향해 걸어 갔어요. 손녀는 할아버지를 뒤따라가면서 할아버지가 멘 포대에는 무엇이 들어있을까 궁금했지요.

"여기가 좋겠구나."

할아버지는 듬성듬성 풀이 나 있는 평평한 땅을 바라보며 말했어요. 그리고 메고 왔던 포대를 땅에 내려놓았지요. 할아버지가 포대에서 꺼낸 건 어린 나무 열 그루와 양동이 그리고 삽이었어요. 할아버지는 삽으로 땅을 파낸 뒤 조심스레 나무를 심기 시작했어요. 한 그루, 두 그루, 세 그루……, 할아버지는 쉬지 않고 땅에 나무를 심었어요. 손녀는 할아버지가 나무를 심을 때마다 옆에서 흙을 돋우었답니다.

"할아버지. 이건 다 무슨 나무예요?"

"과일나무 묘목●들이란다. 우리 예쁜 손녀가 이 할아버지만큼 키가 크면 여기 나무들도 모두 열매를 맺게 될 거야. 결혼하고 아이들을 낳으면 꼭 이곳에 다시 와서 우리가 함께 심은 과일나무를 구경시켜 주렴. 그때는 나뭇가지가 휘도록 많은 과일이 주렁주렁 열려 있을 테니 말이야."

"정말요? 상상만 해도 기대돼요!"

손녀는 손뼉을 치며 기뻐했어요. 나무 한 그루 한 그루에 쏟는 정성도 달라졌답니다.

"나무야, 나무야. 무럭무럭 자라라."

어느덧 할아버지와 손녀는 열 그루의 어린 과일나무를 모두 심었어요. 할아버지는 근처 냇가에서 물을 길어와 나무 한 그루 한 그루에 부어 주었어요. 뿌리까지 촉촉해지도록 넉넉히 말이에요.

"자. 이제 됐다."

혹시 궁금하지 않았나요?

- **채비** 어떤 일을 하기 위해 필요한 물건 등을 미리 갖추는 걸 말해요. 여기서는 할아버지가 숲으로 가기 위해 옷을 입고, 포대 안에 어린 과일나무와 삽, 양동이를 넣은 걸 이야기하는 거겠죠?
- **돋우었다** '돋우다'는 말의 과거형이에요. '돋우다'는 아래를 받치거나 쌓아 올려 도드라지거나 높아지게 한다는 의미인데요. 어린 나무를 심어서 흙을 돋우는 건 뿌리를 잘 내리고 쓰러지지 않게 하기 위해서예요.
- **묘목** 옮겨 심는 어린 나무를 뜻해요. 모나무, 모종나무와 같은 말이에요. 나무를 심을 때는 밭작물처럼 씨를 뿌리지 않고 묘목을 옮겨 심어 키운답니다.

할아버지는 이마에 송글송글 맺힌 땀을 닦으며 말했어요. 할아버지의 얼굴은 매우 지쳐 보였지요. 할아버지를 올려다보던 손녀가 말했어요.

"할아버지. 과일나무에 과일이 주렁주렁 열리면 가장 먼저 할아버지께 가져다 드릴게요. 그것도 제일 예쁘고 탐스러운 것으로 골라서요. 그러니 계속 건강하셔야 해요. 알았죠?"

손녀의 말을 들은 할아버지의 입가에는 미소가 어렸어요.

"고맙구나. **그런데 이 과일나무는 너와 네 아이들을 위한 것이란다.** 저기 저 나무들이 보이니?"

할아버지가 숲 어귀에 있는 울창한 나무들을 가리키며 말했어요.

"네게 따다 주었던 과일들은 모두 저 나무들에서 나왔단다. 내 할아버지께서 심어 두신 거지. 이제는 나도 같은 일을 하고 있을 뿐이야. 알겠니?"

잠시 생각하던 손녀는 눈시울이 붉어져 고개를 떨구고 말았답니다.

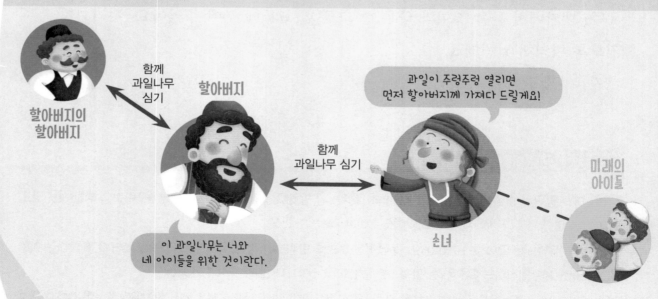

등장인물의 대화를 살피며 글을 읽으면 이해가 **쏙쏙!**
글의 내용을 떠올려 물음표에서 묻는 내용을 생각해 보세요.

함께 과일나무 심기

할아버지의 할아버지

할아버지

함께 과일나무 심기

과일이 주렁주렁 열리면 먼저 할아버지께 가져다 드릴게요!

손녀

미래의 아이들

이 과일나무는 너와 네 아이들을 위한 것이란다.

? 과일나무가 자신과 아이들을 위한 것이라는 할아버지의 말에 손녀는 어떤 기분이 들었을까요?

1 이야기와 만나는 문장 쓰기 다음 문장을 빈칸에 따라 써 보세요.

"	그	런	데		이		과	일	나	무	는		너	와		네		아
이	들	을		위	한		것	이	란	다	.	"						

2 이해하는 문장 쓰기 비가 그친 다음 날, 할아버지는 숲에 가서 무엇을 했나요?

할아버지는 ⠀⠀⠀⠀⠀⠀⠀⠀⠀⠀⠀⠀⠀⠀⠀⠀⠀다.

3 생각을 발견하는 문장 쓰기 할아버지께서 자신은 먹지도 못할 어린 과일나무를 열 그루나 심은 이유는 무엇인가요?

왜냐하면 ⠀⠀⠀⠀⠀⠀⠀⠀⠀⠀⠀⠀⠀⠀⠀⠀⠀다.

4 상상하는 문장 쓰기 여러분이 주인공 손녀였다면 할아버지의 말을 듣고 어떤 기분을 느꼈을까요?

내가 손녀였다면 ⠀⠀⠀⠀⠀⠀⠀⠀⠀⠀⠀⠀⠀다.

모아쓰기 위에서 답으로 쓴 네 문장을 연결해서 써 보세요. 하나의 근사한 글이 될 거예요.

_____

_____

_____

_____

목숨을 구한 정성

호숫가 근처에 한 농부 가족이 살았어요. 농부는 작은 배를 하나 가지고 있었는데, 틈틈이 하는 호수 낚시를 큰 기쁨으로 삼았어요. 농부가 유일하게 호수에 나가지 못하는 계절은 겨울이었어요. 한겨울에는 추운 날씨 탓에 호수가 꽝꽝 얼어붙어 배를 띄우지 못하기 때문이었어요.

'이제 슬슬 배를 치울 때가 됐군.'

겨울이 오고 날씨가 추워지자 농부는 호숫가에 띄워 두었던 배를 땅으로 끌어냈어요. 어영차! 어영차! 힘주어 배를 끌어내는데 갑자기 배가 꼼짝하지 않았어요. 농부는 더욱 힘껏 배를 끌어냈지요.

'우지끈!'

앗. 그런데 어디선가 나무 부러지는 소리가 들리는 게 아니겠어요. 깜짝 놀란 농부가 배 아래쪽을 살펴보았어요. 아니나 다를까 배 밑창 ° 나무가 돌부리에 뜯겨 나가면서 작은 구멍이 생기고 만 것이었어요.

'이를 어쩐다? 배에 구멍이 나고 말았군. 어차피 추운 겨울이라 배를 쓸 일이 없으니 봄이 되면 배를 고쳐야겠어.'

농부는 자신의 배를 마저 땅 위로 끌어올린 후 집으로 돌아갔어요.

손발을 꽁꽁 얼리던 칼날 같은 겨울바람도 잦아들고 따뜻한 봄바람에 겨우내 얼었던 세상이 녹아내리기 시작하는 봄이 왔어요. 어느 날 마을의 나이 많은 칠장이 ●가 농부를 찾아왔어요.

"저기……, 미안하네만 내가 할 만한 일이 없겠나? 겨우내 일을 못해 곡식이고 뭐고 먹을거리가 모두 떨어지고 말았어."

칠장이의 말을 들은 농부는 잠시 생각하더니 말했어요.

"호숫가에 제가 타던 배가 있어요. 오래된 배여서 지저분할 겁니다. 그 배를 새로 칠해 주세요. 그럼 제가 집으로 가실 때 곡식을 좀 챙겨 드리겠습니다."

칠장이는 환하게 웃으며 고개를 끄덕였어요. 칠장이가 새로 칠한 배는 정말로 새 것처럼 반짝거렸어요. 빈틈없이 꼼꼼히 칠한 배를 보며 농부와 두 아들은 크게 감탄했답니다.

며칠 후 완연한 봄날이 되자 두 아들이 달려와 농부에게 말했어요.

"아버지! 날씨가 정말 좋아요. 호수에서 한 시간만 배를 타면 안 될까요?"

"좋아. 딱 한 시간만이야."

농부의 허락을 받은 두 아들은 신이 나서 호숫가로 달려갔어요. 하지만 한 시간, 두 시간이 지나도 아이들은 돌아올 기미 ●가 보이지 않았어요.

혹시 궁금하지 않았나요?

- **밑창** 보통 밑창은 신발의 바닥 밑에 붙이는 창을 말하는데요. 이외에 어떤 물건의 맨 밑바닥을 의미하기도 해요. 여기서는 배의 맨 밑바닥을 가리키는 말이에요.
- **칠장이** 칠을 하는 일을 직업으로 삼는 사람이에요. 어떤 일에 '-장이'가 붙으면 그 일을 전문적으로 하는 사람을 뜻해요. 가게의 간판을 만드는 사람을 '간판장이'라고 말하는 것처럼요.
- **기미** 일이 흘러가는 분위기를 말해요. '돌아올 기미가 보이지 않는다'는 말은 전혀 돌아올 것 같지 않다는 의미랍니다.

'아이들에게 무슨 일이라도 생긴 게 아닐까? 잠깐. 배에는 구멍이 뚫려 있었지! **오! 제발 저희 아이들을 도와주세요.'**

깜짝 놀란 농부는 정신없이 호숫가로 달려갔답니다. 다행히 두 아들은 아무 일 없다는 듯 뱃놀이를 즐기고 있었어요. 농부는 놀란 가슴을 쓸어내리고 두 아들을 호숫가로 불렀어요.

"죄송해요. 너무 재밌어서 시간 가는 줄을 몰랐어요."

아들을 잃을 뻔한 농부는 두 아들을 품에 꼭 안았어요. 그리고 배를 뒤집어 바닥을 보고는 코끝이 찡해지고 말았답니다. 배 밑창의 구멍은 흔적도 없이 사라지고 매끈하게 칠이 되어 있었거든요.

'이 모든 게 칠장이 어르신 덕분이야.'

농부는 감사의 눈물을 흘렸답니다.

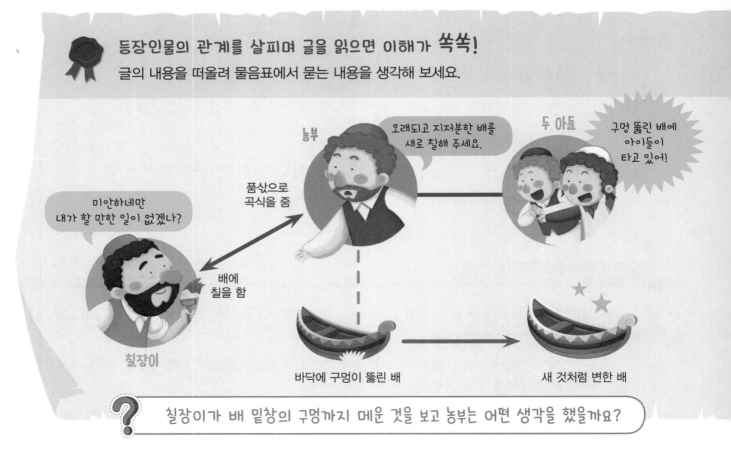

등장인물의 관계를 살피며 글을 읽으면 이해가 **쏙쏙!**
글의 내용을 떠올려 물음표에서 묻는 내용을 생각해 보세요.

미안하네만 내가 할 만한 일이 없겠나?

칠장이

오래되고 지저분한 배를 새로 칠해 주세요.

농부

품삯으로 곡식을 줌

배에 칠을 함

두 아들

구멍 뚫린 배에 아이들이 타고 있어!

바닥에 구멍이 뚫린 배

새 것처럼 변한 배

? 칠장이가 배 밑창의 구멍까지 메운 것을 보고 농부는 어떤 생각을 했을까요?

1 이야기와 만나는 문장 쓰기   다음 문장을 빈칸에 따라 써 보세요.

'	오	!		제	발		저	희		아	이	들	을		도	와	주	세
요	.	'												

2 이해하는 문장 쓰기   농부는 부리나케 호수로 달려가면서 무엇을 걱정했나요?

농부는   다.

3 생각을 발견하는 문장 쓰기   농부가 두 아들을 살려 달라고 기도한 이유는 농부의 배에 어떤 문제가 있었기 때문인가요?

왜냐하면   다.

4 상상하는 문장 쓰기   여러분이 농부라면 두 아들이 살아 있는 것을 보고 어떤 기분이 들었을까요?

내가 농부라면   다.

모아쓰기   위에서 답으로 쓴 네 문장을 연결해서 써 보세요. 하나의 근사한 글이 될 거예요.

_____

_____

_____

_____

모든 행동에는
이유가 있다

어느 시골 마을에 검소°하기로 둘째가라면 서러운 부자가 살았어요. 부자는 절약이 몸에 배어 있어서 웬만해서는 지갑을 열지 않았답니다. 하지만 부자는 종종 마을에 큰일이 있을 때면 아낌없이 자신의 재산을 내놓았어요. 마을 사람들은 그런 부자를 매우 존경하고 좋아했지요. 하루는 부자에게 도시로 이사를 간 친구가 편지를 보내왔어요.

〈친구여, 잘 지내고 있는가? 나는 잘 지내고 있다네. 이곳 도시는 우리가 살던 시골과는 매우 달라. 사람들도 많고 신기한 물건들도 많아서 심심할 틈이 없지. 시간이 허락한다면 이곳으로 놀러 오게. 자네에게 소개해 주고 싶은 곳이 정말 많다네.〉

친구의 초대를 받은 부자는 여러 날 고민 끝에 도시에 가 보기로 결정했어요. 친구는 반가운 마음에 부자가 오기만을 손꼽아 기다렸어요. 그리고 부자가 도착하기로 한 날, 마중 나온 친구는 깜짝 놀라고 말았답니다.

"자네, 꼴이 이게 뭔가?"

친구 앞에 나타난 부자는 다 낡은 옷을 입은 거지꼴이었거든요. 친구는 부자가 도시로 오는 길에 혹시 강도를 만난 것은 아닐까하는 걱정까지 들었어요.

"괜찮은 건가? 정말 아무 일도 없었던 게 맞나?"

부자는 빙긋이 웃으며 대답했어요.

"걱정 말게나, 친구. 내게는 아무 일이 없었어."

"그럼 처음부터 이런 차림으로 왔단 말인가? 여기는 우리가 살던 한적한 시골이 아닐세. 어딜 가나 사람들로 북적이는 도시란 말이야. 알기나 하는가?"

친구는 답답해 죽겠다는 듯 부자의 옷차림을 보며 핀잔인지 걱정인지 모를 말을 쏟아냈어요.

친구의 말에 부자는 손사래®를 치며 말했지요.

"어휴. 별 걱정을 다하는구먼. 이렇게 많은 사람들 중에서 나를 아는 사람은 자네밖에 없어. 그런데 무슨 걱정인가? 내가 어떻게 입든 사람들이 나를 모르는 이상 내 이름에 먹칠할 일은 없다 이 말일세."

친구는 부자의 말에 할 말을 잃고 헛웃음만 지을 뿐이었어요. 어쩔 수 없이 다 낡은 옷을 입은 부자를 데리고 도시의 이곳저곳을 구경하러 다녔답니다.

몇 달 뒤 이번에는 친구가 시골에 왔어요. 복잡한 도시에서 잠시 벗어나 휴식을 취하기 위해서였지요. 시골에 온 친구는 가장 먼저 부자를 찾았어요. 부자를 만나러

혹시 궁금하지 않았나요?

- **검소** 사치 없이 꾸미지 않고 수수한 걸 말해요. 이야기에서 부자는 돈이 많지만 함부로 쓰거나 꾸미지 않는 사람으로, 매우 검소하고 절약하는 사람이에요.

- **손사래** 어떤 말이나 사실에 대해 아니라고 전하기 위해 손을 펴서 휘젓는 행동을 뜻해요. 조용히 하라고 할 때 손을 펴서 휘젓는 일도 여기에 해당해요. 보통 '손사래를 치다'라고 표현하지요.

- **자린고비** 다른 사람에게도 안 좋은 말을 들을 만큼 지나치게 아끼는 사람을 낮춰 이르는 말이에요. 부자 스스로 '자린고비'라고는 했지만 마을에 큰 어려움이 있을 때 아낌없이 자신의 재산을 내놓는 것을 보면 그렇지만은 않은 듯해요.

온 친구는 또 한 번 깜짝 놀라고 말았어요. 부자는 이번에도 도시에서 본 것처럼 다 떨어진 옷을 입고 있었기 때문이에요.

"여보게. 지난번 도시에서는 사람들이 자네를 모른다 해도 이곳에서는 모두 자네를 알고 있지 않은가? 왜 여기서도 다 떨어진 옷을 입고 다니는 건가?"

부자는 별소리를 다한다는 표정으로 대답했어요.

"몰라서 하는 소린가? 당연히 여기서는 모두들 내가 누군지 알고 있지. 모두 내가 마을에서 제일가는 자린고비● 부자라는 걸 알고 있다네. **그러니 굳이 좋은 옷을 입고 다닐 이유가 있는가?**"

부자의 말에 친구는 '허허허' 웃고 말았습니다.

마을의 일을 위해서라면 큰돈을 내놓는 부자가 자신을 위해서는 한 푼이라도 아끼려 하는 모습에 정이 들었기 때문일까요? 그날 이후 친구는 부자와 더욱 돈독한 사이가 되었답니다.

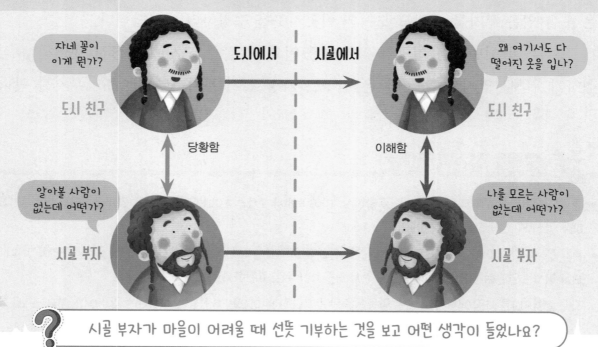

등장인물의 대화를 살피며 글을 읽으면 이해가 쏙쏙!
글의 내용을 떠올려 물음표에서 묻는 내용을 생각해 보세요.

자네 꼴이 이게 뭔가?
도시 친구
도시에서   시골에서
왜 여기서도 다 떨어진 옷을 입나?
도시 친구

당황함   이해함

알아볼 사람이 없는데 어떤가?
시골 부자
나를 모르는 사람이 없는데 어떤가?
시골 부자

? 시골 부자가 마을이 어려울 때 선뜻 기부하는 것을 보고 어떤 생각이 들었나요?

1 이야기와 만나는 문장 쓰기   다음 문장을 빈칸에 따라 써 보세요.

"	그	러	니		굳	이		좋	은		옷	을		입	고		다	닐
이	유	가		있	는	가	?	"										

2 이해하는 문장 쓰기   부자는 도시와 시골에서 어떤 차림으로 친구를 만났나요?

부자는   다.

3 생각을 발견하는 문장 쓰기   부자가 도시와 시골에서 같은 차림으로 돌아다닌 이유는 무엇이었나요?

왜냐하면   다.

4 상상하는 문장 쓰기   여러분이 부자의 친구였다면 도시와 시골에서 부자를 만났을 때 각각 어떤 기분이었을까요?

내가 부자의 친구였다면   다.

모아쓰기   위에서 답으로 쓴 네 문장을 연결해서 써 보세요. 하나의 근사한 글이 될 거예요.

_____

_____

_____

_____

나쁜 일과 좋은 일은 생각의 차이

　　한 랍비가 긴 여행을 준비했어요. 랍비는 새로운 마을에 정착해 아이들을 가르칠 계획이었거든요. 랍비가 가려는 마을은 지금 살고 있는 곳과는 꽤 멀리 떨어져 있어서 적어도 일주일은 걸어가야 했어요.

　　랍비는 모든 짐을 챙긴 후 당나귀의 등에 짐을 실었어요. 해가 지면 필요한 작은 램프◦도 챙겼지요. 그리고 오랫동안 함께해 온 개 한 마리를 데리고 여행을 떠났어요.

　　한참 길을 가던 랍비는 날이 저물 때가 되어 주위를 둘러보았어요. 마침 마을 어귀에는 빈 헛간◦이 하나 있었어요.

　　"오늘은 여기서 하루를 보내 볼까?"

　　랍비는 당나귀와 개를 헛간 앞에 매어 놓았어요. 자신은 헛간 안으로 들어와 작은 램프를 켰어요. 그러고는 지푸라기를 그러모아 임시 잠자리를 마련했어요. 랍비는 잠자리에 들기 전 늘 그랬듯이 책을 꺼내들고 읽기 시작했어요. 30분 정도 지났을까요.

갑자기 '휘익'하는 소리와 함께 램프가 꺼지고 말았어요.

'갑자기 웬 바람이지? 그만 자라는 뜻인가 보군. 마침 피곤했는데 잘 됐다. 오늘은 이만하고 잠자리에 들어야지.'

피곤했던 랍비는 램프가 꺼지자 이불을 머리끝까지 뒤집어쓰고는 깊은 잠에 빠져들었어요.

다음 날 아침, 잠에서 깬 랍비는 헛간 밖으로 나왔다가 깜짝 놀라고 말았어요. 밤 사이 산에서 내려온 동물들이 당나귀와 개를 물어가 버렸거든요. 헛간 밖에는 당나귀와 개가 흘린 게 분명한 핏자국이 선명했어요. 핏자국 사이사이에는 커다란 동물 발자국이 찍혀 있었지요.

'이건 사자 발자국이 분명해. 간밤에 사자 무리가 당나귀와 개를 물고 가 버렸어. 하늘도 무심하시지 이제 내게 남은 재산이라고는 이 램프가 전부구나.'

랍비는 한숨을 푹 쉬고는 터벅터벅 힘겹게 걸어 마을로 들어갔어요. 한데, 이게 웬일일까요? 마을은 조용하기 그지없고 길가 여기저기에는 온갖 물건들이 부서진 채 널려 있었어요. 그때 한 여인이 슬피 우는 소리가 들렸어요. 랍비는 소리가 나는 집으로 뛰어가 보았어요.

"저는 지나가는 랍비입니다. 왜 이렇게 슬피 울고 계신 겁니까?"

울먹이는 여인이 말했어요.

"흐흑, 선생님. 세상에 이런 일이 또 있을까요? 어젯밤에 흉악●한 도둑들이 떼 지어 마을로 들어오는 바람에 재산이란 재산은 모두 뺏기고, 마을의 남자란 남자는

혹시 궁금하지 않았나요?

● **램프** 석유를 넣어 심지에 불을 붙일 수 있도록 만들고 유리로 씌운 등을 말해요. 전기가 발명되기 전에는 해가 지면 전깃불 대신 램프를 켜야 했답니다.

● **헛간** 잘 쓰지 않는 물건이나 막 쓰는 물건을 쌓아 두는 옛날식 창고를 뜻해요. 한 쪽 문이 없이 뚫려 있기도 하고 문이 있다고 해도 집처럼 아늑한 공간은 아니에요.

● **흉악** 성질이 악하고 모진 것을 말해요. '흉악한 범죄', '흉악범'처럼 사회적으로 큰 범죄와 단짝으로 쓰여요. 무슨 일이 있어도 절대 흉악한 짓은 하지 말아야겠죠?

모두 죽임을 당했습니다. 흐흐흑."

여인의 말을 들은 랍비는 마음이 쿵 내려앉았어요.

'어젯밤 램프가 바람에 꺼지지 않았다면 난 밤늦게까지 책을 읽었을 테고, 마을로 들어가던 도둑들이 나를 그냥 지나쳤을 리가 없어. 도둑들이 나를 봤다면 나 역시 저 세상으로 갔을 게 뻔해. 또 어젯밤에 사자들이 내려와 개와 당나귀를 잡아가지 않았다면 도둑들이 왔을 때 개가 짖고 당나귀가 난리를 피웠을 거야. 그럼 마찬가지로 도둑들한테 들켜 난 이 세상 사람이 아니었겠지.'

랍비는 그제야 자기가 가진 모든 것을 잃은 덕분에 하나밖에 없는 목숨을 건질 수 있었다는 사실을 깨달았어요. 잠시나마 신을 원망했던 자신이 부끄러웠지요.

'나쁜 일은 언제든 좋은 일로 바뀔 수 있어. 좋은 일도 언제든 나쁜 일로 바뀔 수 있지. 좋은 일과 나쁜 일은 아주 작은 차이일 뿐이야. **결국, 나쁜 일도 좋은 일도 내가 만들어 낸 생각일 뿐이로구나.'**

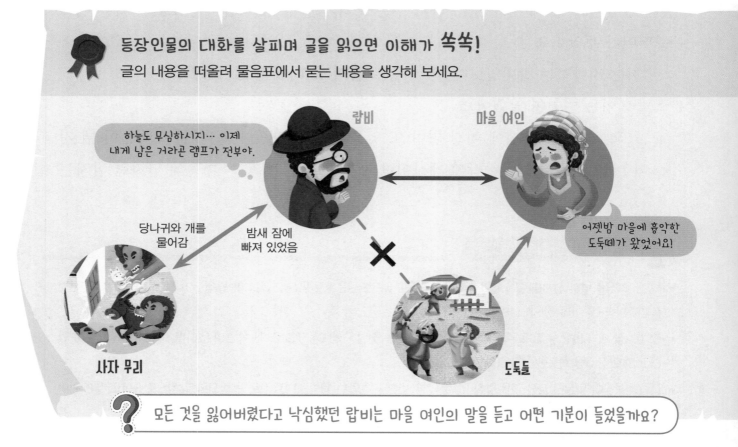

등장인물의 대화를 살피며 글을 읽으면 이해가 쏙쏙!
글의 내용을 떠올려 물음표에서 묻는 내용을 생각해 보세요.

하늘도 무심하시지… 이제 내게 남은 거라곤 램프가 전부야.

랍비

마을 여인

어젯밤 마을에 흉악한 도둑떼가 왔었어요!

당나귀와 개를 물어감

밤새 잠에 빠져 있었음

사자 무리

도둑들

? 모든 것을 잃어버렸다고 낙심했던 랍비는 마을 여인의 말을 듣고 어떤 기분이 들었을까요?

1 이야기와 만나는 문장 쓰기　다음 문장을 빈칸에 따라 써 보세요.

'	결	국		나	쁜		일	도		좋	은		일	도		내	가
만	들	어		낸		생	각	일		뿐	이	로	구	나	.	'	

2 이해하는 문장 쓰기　랍비는 여인이 마을에 도둑이 왔었다고 말하는 것을 듣고 어떤 감정을 느꼈나요?

랍비는 　　　　　　　　　　　　　　　　　　　　　　　다.

3 생각을 발견하는 문장 쓰기　랍비가 개와 당나귀를 잃은 것이 오히려 다행이라고 말한 이유는 무엇일까요?

왜냐하면 　　　　　　　　　　　　　　　　　　　　　　　다.

4 상상하는 문장 쓰기　여러분이 도둑이 다녀간 마을에 도착한 랍비라면 어떤 기분이 들었을까요?

내가 랍비라면 　　　　　　　　　　　　　　　　　　　　다.

모아쓰기　위에서 답으로 쓴 네 문장을 연결해서 써 보세요. 하나의 근사한 글이 될 거예요.

어떤 감정을 느끼나요?

3장은 유독 등장인물의 감정 변화가 두드러지는 이야기로 이루어졌습니다.
거미를 싫어한 다윗왕은 거미 덕에 목숨을 건지자, 거미에 대한 감정이 달라집니다.
이처럼 상대방과 관련한 주인공의 감정에 해당하는 표현을
보기에서 모두(처음/변화 후) 골라 적어 보세요.

예시 문제 순서 : (상대방)—(주인공)

보기

감격스럽다 / 고맙다 / 기쁘다 / 뿌듯하다 / 다행스럽다 / 벅차다 /
상쾌하다 / 설레다 / 정겹다 / 평화롭다 / 행복하다 /
답답하다 / 무섭다 / 미안하다 / 불쾌하다 / 부담스럽다 /
부끄럽다 / 쓸쓸하다 / 얼떨떨하다 / 안쓰럽다 / 철렁하다 /

열한 번째 날
(거미)—(다윗왕)

열두 번째 날
(할아버지)—(손녀)

열세 번째 날
(칠장이)—(농부)

열네 번째 날
(시골 부자)—(도시 친구)

열다섯 번째 날
(사자무리)—(랍비)

▶ 가이드북 56쪽에 정답

4장

	어떤		것이	
옳을	까요?			

다른 시간 같은 대가

어느 마을에 큰 부자가 살았어요. 부자는 한참을 걸어가야 끝이 보일 정도로 너른 포도밭을 가지고 있었지요. 포도밭이 얼마나 넓었던지 마을 사람들 대부분이 부자의 포도밭에서 일을 했어요. 하지만 부자는 다른 일로 바쁜 탓에, 포도밭 관리는 모두 부자의 동생에게 맡겼답니다.

그러던 어느 날이었어요. 부자가 아주 오랜만에 포도밭에 들렀어요. 포도밭에는 주렁주렁 열린 포도를 수확하려는 많은 일꾼들이 있었어요. 일꾼들은 인원을 나누어 포도를 따고 나르는 일을 했는데요. 제각각 속도가 다르고 일하는 모습도 천차만별˙이었어요. 어떤 일꾼들은 이야기를 하느라 일은 뒷전이었고요. 어떤 일꾼들은 묵묵히 자기 몫의 일을 하고 있었지요. 일꾼들은 포도밭 주인이 나타난 줄은 꿈에도 모른 채 이런저런 잡담을 했어요.

"저기 저 새로 온 친구는 왜 저렇게 열심히 일한대?"

"그러게. 저래봤자 받는 돈은 똑같은데 유별나게도 구는군."

대화를 들은 부자는 두 사람이 눈짓으로 가리켰던 새로 들어온 일꾼 하나를 유심히 보았어요. 새로 들어왔다는 일꾼은 정말 남들보다 두 배는 빠른 속도로 포도를 따고 있었어요. 손놀림*이 빨라 손이 눈에 보이지 않을 정도였지요.

부자는 일꾼들이 눈치채지 않도록 새로 들어온 일꾼에게 가까이 가 보았어요.

'오, 빠르기만 한 게 아니라 정확하기까지 하군.'

새로 온 일꾼은 다른 사람이 뭐라고 하든 아랑곳하지 않고 열심히 자기 일을 하고 있었어요. 부자가 보기에는 남들보다 두세 배는 더 많은 일을 하는 듯 보였지요. 호기심이 생긴 부자는 집으로 돌아와 동생에게 새로 들어온 일꾼에 대해 물었어요.

"새로 들어온 친구를 보셨군요! 젊은 친구가 손도 빠르고 일을 제대로 해서 믿고 맡길 수 있죠."

동생 역시 칭찬을 아끼지 않았어요. 부자는 동생에게 새로 들어온 일꾼을 지금 당장 집으로 불러오라고 말했어요. 부자의 말대로 동생은 젊은 일꾼을 집으로 데리고 왔어요.

부자는 새로 들어온 일꾼과 집 앞 정원을 산책하면서 이런저런 이야기를 나누었어요. 새로 들어온 일꾼은 포도밭 농사에 대해 굉장한 자부심을 가지고 있었어요. 마치 자신이 포도밭의 주인인 것처럼 남다른 애정을 가지고 있었죠.

한참 이야기를 나누다 보니 어느덧 해 질 녘이 되었어요. 새로 들어온 일꾼을 포도밭으로 돌려보낸 부자는 동생을 불러 오늘은 자신이 직접 품삯*을 나눠 주겠다고 말했어요.

혹시 궁금하지 않았나요?

- **천차만별** 여러 가지 사물이 모두 차이가 있고 구별이 있다는 뜻이에요. 여기서의 천차만별은 일을 하는 사람들의 마음가짐이나 태도가 모두 다르다는 의미로 쓰였답니다.
- **손놀림** 손을 이리저리 움직이는 모습을 말해요. 손놀림이 빠르다, 손놀림이 어색하다 등으로 자주 쓰이는데요. '-놀림'은 앞에 나오는 신체 부위를 움직이는 행동을 말해요. 팔놀림, 손목놀림 등으로 활용되는 것처럼요.
- **품삯** 일한 대가라는 의미인데요. '품'은 일을 말하고 '삯'은 값을 말해요. 일한 대가로 받거나 주는 돈 혹은 물건을 일컫는 말이에요.

포도밭에는 일을 끝낸 일꾼들이 그날 일에 대한 품삯을 받기 위해 길게 줄을 서 있었어요. 부자는 일꾼 한 사람 한 사람에게 인사를 건네며 직접 품삯을 전해 주었어요. 그리고 맨 마지막에 서 있던 새로 들어온 일꾼에게도 똑같이 품삯을 주었지요. 그 모습을 본 일꾼들 중 한 명이 부자에게 큰 소리로 말했어요.

"종일 일한 우리가 왜 오후 내내 코빼기도 안 보인 사람과 같은 품삯을 받아야 하죠?"

"맞아요! 이건 너무 불공평해요."

여기저기서 불평하는 말들이 쏟아져 나왔어요.

"이 친구가 반나절 동안 한 일은 당신들이 종일 일한 양보다 많았소. 불공평하다는 말은 똑같은 시간 동안 두세 배의 일을 해 온 이 친구가 해야 할 말이 아니오? **중요한 건 얼마나 오래 일했는지보다 얼마나 많은 일을 했는가요.** 원칙대로라면 이 친구는 앞으로 여러분보다 두 배는 더 많이 받아야 할 거요."

부자의 말에 일꾼들은 아무런 대꾸도 못하고 서둘러 집으로 돌아갔답니다.

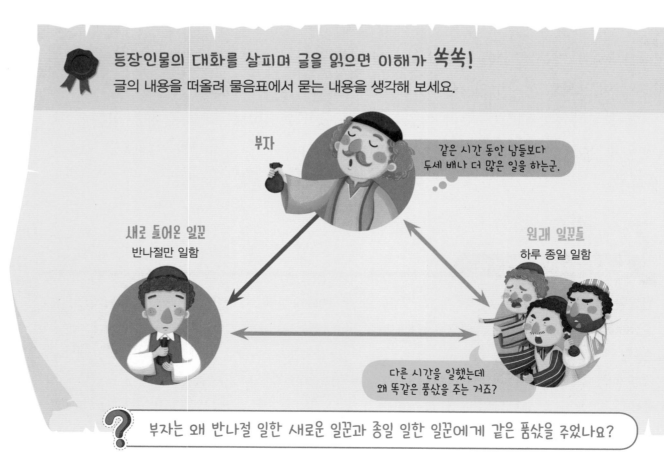

등장인물의 대화를 살피며 글을 읽으면 이해가 쏙쏙!
글의 내용을 떠올려 물음표에서 묻는 내용을 생각해 보세요.

부자

같은 시간 동안 남들보다 두세 배나 더 많은 일을 하는군.

새로 들어온 일꾼
반나절만 일함

원래 일꾼들
하루 종일 일함

다른 시간을 일했는데 왜 똑같은 품삯을 주는 거죠?

? 부자는 왜 반나절 일한 새로운 일꾼과 종일 일한 일꾼에게 같은 품삯을 주었나요?

1 이야기와 만나는 문장 쓰기   다음 문장을 빈칸에 따라 써 보세요.

"	중	요	한		건		얼	마	나		오	래		일	했	는	지	보
다		얼	마	나		많	은		일	을		했	는	가	요	.	"	

2 이해하는 문장 쓰기   부자는 누구와 누구에게 얼마만큼의 품삯을 주었나요?

부자는   다.

3 생각을 발견하는 문장 쓰기   종일 일한 일꾼들은 같은 품삯을 받고 어떤 기분이었을까요?

종일 일한 일꾼들은   다.

4 상상하는 문장 쓰기   여러분이 종일 일한 원래의 일꾼이라면 부자의 말에 뭐라고 답했을까요?

내가 원래의 일꾼이라면   다.

● 모아쓰기 ●   위에서 답으로 쓴 네 문장을 연결해서 써 보세요. 하나의 근사한 글이 될 거예요.

_____

_____

_____

_____

다이아몬드의 주인은 누구일까?

옛날 어느 마을에 아주 가난한 랍비가 살았어요. 랍비는 야자나무● 열매를 시장에 내다 판 돈으로 겨우 먹고 살 정도였지요.

랍비에게는 꿈이 하나 있었습니다. 바로 낙타 한 마리를 사는 것이었어요. 낙타를 사기 위해 랍비는 야자나무 열매를 팔고 남은 돈을 꼬박꼬박 항아리에 모았답니다. 먹고 싶은 음식도 꾹 참고 끼니●를 줄여가면서 말이에요.

'낙타만 사면 야자나무 열매를 파는 데에 긴 시간을 보내지 않아도 될 거야.'

랍비는 야자나무 열매를 들고 시장을 오고가는 시간을 아끼면, 탈무드를 더 많이 공부할 수 있겠다고 생각했어요.

그러던 어느 날이었어요.

"이 정도면 낙타 한 마리는 거뜬히 살 수 있을 거야!"

드디어 항아리 가득 돈이 찬 걸 본 랍비는 아이처럼 기뻐하며 소리쳤어요. 랍비는 곧장 항아리를 들고 시장으로 갔어요. 마침 시장에는 튼튼하고 값이 적당한 낙타가 나와 있었어요.

"이 낙타를 사고 싶어요."

랍비가 낙타 한 마리를 가리키며 상인에게 말했어요. 낙타 상인이 랍비에게 값을 알려 주었고 랍비는 보자기에 쌓여 있던 항아리를 꺼내 하나하나 돈을 세어 넘겨주었어요. 그 모습을 본 낙타 상인이 빙긋이 웃으며 말했어요.

"안장●은 필요 없으신가요?"

"그게……, 안장 값까지는 모으지를 못해서요."

랍비가 얼굴을 붉히며 말했어요.

"걱정 마세요. 첫 손님에게는 안장을 선물로 드리니까요."

낙타 상인은 랍비가 대답도 하기 전에 낙타 등에 안장을 얹었어요. 랍비는 깜짝 놀라 쳐다보며 말했어요.

"이걸 제가 받아도 될지 모르겠습니다."

주저하는 랍비에게 낙타 상인이 대답했어요.

"낙타 값에 포함된 것이니 걱정 마세요. 자, 거절 말고 어서 낙타를 타 보세요."

랍비는 낙타 등에 올라탔어요.

"그럼 고맙게 잘 쓰겠습니다."

낙타를 타고 집으로 돌아온 랍비에게 소식을 전해들은 제자들이 몰려왔어요. 제자들은 낙타를 산 랍비에게 축하를 건네며 낙타를 구경했어요. 그러다 한 제자가 안

혹시 궁금하지 않았나요?

- **야자나무** 열대 나무의 종류 중 하나예요. 대추야자, 코코넛과 같은 열매를 따거나 열매 껍질에서 실을 만들어 내기도 한답니다. 야자나무는 지금도 경제적으로 매우 중요해서 더운 지역의 주요 수입원이 되고 있어요.
- **끼니** 매일 정해진 시간에 먹는 음식을 말해요. 보통 아침, 점심, 저녁 세 끼의 식사를 하고 중간 중간 간식이나 차를 마시기도 하지요. 동화 속에서는 랍비가 끼니를 거를 정도로 돈을 아꼈다고 하네요.
- **안장** 사람이 타는 동물이나 물건에 앉을 수 있도록 만든 자리를 말해요. 말, 나귀, 낙타와 같은 동물과 자전거, 오토바이와 같은 탈것에는 모두 안장이 있답니다.

장 아래에서 빛나는 무언가를 발견했어요.

"선생님, 이건 다이아몬드예요!"

제자의 손바닥 위에는 정말 콩알만 한 다이아몬드가 놓여 있었어요.

"선생님은 이제 부자세요. 더 이상 야자나무 열매를 팔지 않으셔도 된다고요!"

흥분한 제자의 말에도 아랑곳없이 랍비는 다이아몬드를 손에 쥐더니 다급히 낙타를 타고 다시 시장으로 떠났어요. 그러곤 여전히 같은 자리에서 낙타를 팔고 있는 상인에게 다가가 다이아몬드를 돌려주었어요. 그러자 낙타 상인이 말했어요.

"선생님께 낙타를 팔고 안장도 드렸으니 거기서 나온 다이아몬드도 선생님의 것이지요."

하지만 랍비는 생각이 달랐어요.

"전 낙타를 샀을 뿐 다이아몬드를 산 것이 아닙니다. 탈무드에는 다른 사람의 물건을 탐내서는 안 된다고 적혀 있습니다. 그러니 이건 다시 돌려드리겠습니다."

낙타 상인이 말렸지만 랍비는 끝내 다이아몬드를 받지 않았답니다.

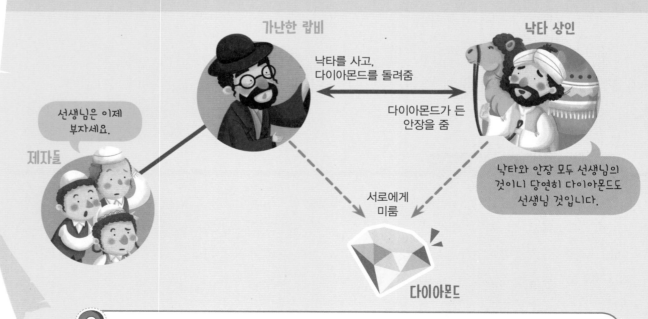

등장인물의 관계를 살피며 글을 읽으면 이해가 쏙쏙!
글의 내용을 떠올려 물음표에서 묻는 내용을 생각해 보세요.

가난한 랍비

낙타 상인

낙타를 사고,
다이아몬드를 돌려줌

다이아몬드가 든
안장을 줌

선생님은 이제
부자세요.

제자들

낙타와 안장 모두 선생님의
것이니 당연히 다이아몬드도
선생님 것입니다.

서로에게
미룸

다이아몬드

? 가난한 랍비는 자신이 받은 안장에서 다이아몬드가 나오자 어떻게 행동했나요?

1 이야기와 만나는 문장 쓰기 다음 문장을 빈칸에 따라 써 보세요.

| " | 전 | | 낙 | 타 | 를 | | 샀 | 을 | | 뿐 | | 다 | 이 | 아 | 몬 | 드 | 를 |
| 산 | | 것 | 이 | | 아 | 닙 | 니 | 다 | . | | " | | | | | | |

2 이해하는 문장 쓰기 랍비는 다시 시장으로 돌아가 누구에게 무엇을 돌려주었나요?

랍비는 　　　　　　　　　　　　　　　　　　　　　　　다.

3 생각을 발견하는 문장 쓰기 다이아몬드를 가지고 온 랍비를 보고 낙타 상인은 무슨 생각을 했을까요?

낙타 상인은 　　　　　　　　　　　　　　　　　　　　　다.

4 상상하는 문장 쓰기 여러분이 이야기 속의 랍비였다면 다이아몬드를 어떻게 했을까요?

내가 랍비였다면 　　　　　　　　　　　　　　　　　　　다.

🔹 모아쓰기 위에서 답으로 쓴 네 문장을 연결해서 써 보세요. 하나의 근사한 글이 될 거예요.

어디까지 지켜야 할까?

유대교를 믿는 유대인들은 꼭 지켜야할 율법•들이 있는데요. 예컨대 돼지고기를 먹으면 안 된다든지, 다른 종교를 가진 사람과 포도주를 마시면 안 된다 등의 것들이에요. 오랫동안 땅을 빼앗긴 채 살아온 유대인들은 자신들의 뿌리를 잊지 않기 위해 늘 성경을 곁에 두고 율법을 지키려 노력한답니다. 유대인들을 '율법의 민족'이라 부를 정도로 유대인들에게 율법은 생활의 중심이에요.

유대인들이 로마의 지배를 받을 때의 일입니다. 로마의 장군 일행과 유대인이 함께 낙타를 타고 사막을 지나고 있었어요. 사막을 여행하는 동안 로마의 장군은 유대인이 들려주는 이야기를 재미있게 듣고는 했답니다.

여행 마지막 날, 점심때가 되자 일행은 그늘막•을 치고 잠시 쉬면서 점심밥을 먹기로 했어요. 로마의 장군 앞에는 두툼한 햄이 든 부드러운 빵과 포도주가 차려졌지만 유대인에게는 딱딱하게 굳은 한 조각 빵만이 남아 있었어요. 로마의 장군은 랍비의 보잘 것 없는 식사를 힐끗 보더니 말했어요.

"햄이 아주 맛있군. 양이 너무 많아 혼자서는 다 먹지 못할 것 같은데 선생도 조금

드셔보시겠소?"

"아, 아닙니다. 전 괜찮습니다."

유대인은 장군의 말에 정중히 고개 숙여 사양했어요.

햄이 든 빵을 다 먹은 장군이 이번에는 포도주 병을 들며 말했어요.

"자, 그럼 이 포도주라도 한 잔 들어 보시오."

장군은 유대인에게 포도주를 따라 주려했지만 유대인은 이번에도 여지없이 거절했어요. 유대인은 가족이 아닌 다른 사람과는 포도주를 나눠 먹지 않는 율법을 지켜야 했기 때문이에요.

"선생은 배가 고프지도 목이 마르지도 않단 말이오? 아니면 내 성의를 무시하는 거요?"

로마의 장군이 묻자 유대인은 굉장히 미안해하는 표정을 지으며 이렇게 말했어요.

"아닙니다. 절대로 장군님의 성의를 무시하려고 그런 것이 아닙니다. 저도 사람이니 배도 고프고 목도 마르지요. 그런데 저희 유대인들은 지켜야할 율법이 있습니다. 돼지고기로 만든 햄을 먹거나 가족이 아닌 사람과 포도주를 마시는 건 율법상 금지되어 있기 때문입니다."

"어떤 상황에서도 율법을 어겨서는 안 되는 것이오?"

"물론 목숨이 위태로운● 상황이라면 어쩔 수 없겠지요. **율법도 결국 살아 있어야 지킬 수 있으니까요.**"

혹시 궁금하지 않았나요?

- **율법** 나라에서 지켜야 할 일을 정해놓은 법과 달리 신의 이름으로 종교를 비롯한 일상생활에서 지키도록 만든 규범을 말해요. 규범은 인간이 행동하거나 판단할 때 마땅히 따라야 할 가치기준을 일컫는 말인데요. 유대인들은 나라의 법을 지키면서 동시에 율법을 지켜야 할 의무가 있어요.

- **그늘막** 그늘이 생기도록 천막처럼 치는 물건이에요. 텐트와 비교하자면, 텐트는 사방이 막혀있지만 그늘막은 사방이 뚫려 있답니다.

- **위태로운** '위태롭다'는 말은 어떤 상황이 마음을 놓을 수 없을 만큼 위험하다는 뜻이에요. 아슬아슬하다, 위태위태하다, 위험하다 모두 비슷한 말이지요.

유대인의 말을 들은 장군은 잠시 생각하더니 벌떡 일어나 옆에 있던 긴 칼을 칼집에서 휙 뽑아들었습니다.

"자, 지금 당장 포도주를 마시지 않으면 이 칼로 당신을 찌를 것이오."

"아, 네. 알겠습니다."

유대인은 장군의 말대로 포도주를 한 잔 따르더니 단숨에 벌컥벌컥 들이켰어요. 유대인이 포도주를 마신 후 잔을 내려놓자 장군은 칼을 칼집에 넣고는 미안해하며 말했어요.

"많이 놀랐소? 내가 장난을 좀 친 것인데 놀랐다면 사과하겠소."

그 말에 유대인이 입맛을 다시며 말했습니다.

"사과라니요. 처음부터 이렇게 해 주셨다면 더 좋았을 텐데요."

"아이쿠. 미안하오. 내가 그 생각은 못했다오."

로마의 장군과 유대인은 서로를 바라보며 하하하 크게 웃었답니다.

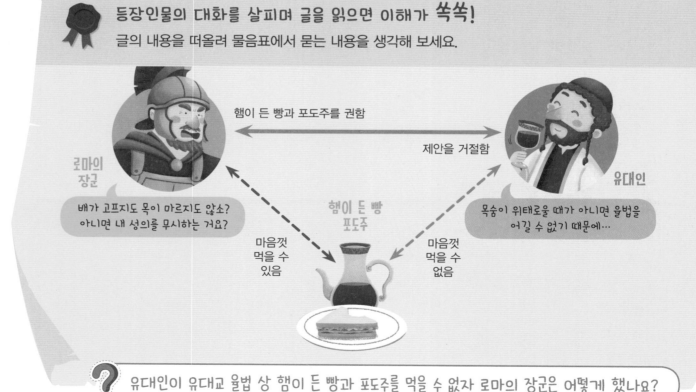

등장인물의 대화를 살피며 글을 읽으면 이해가 쏙쏙!
글의 내용을 떠올려 물음표에서 묻는 내용을 생각해 보세요.

로마의 장군 ← 햄이 든 빵과 포도주를 권함 → 유대인
제안을 거절함

배가 고프지도 목이 마르지도 않소? 아니면 내 성의를 무시하는 거요?

햄이 든 빵 포도주

목숨이 위태로울 때가 아니면 율법을 어길 수 없기 때문에…

마음껏 먹을 수 있음

마음껏 먹을 수 없음

? 유대인이 유대교 율법 상 햄이 든 빵과 포도주를 먹을 수 없자 로마의 장군은 어떻게 했나요?

1 이야기와 만나는 문장 쓰기 　다음 문장을 빈칸에 따라 써 보세요.

"	율	법	도		결	국		살	아		있	어	야		지	킬		수
있	으	니	까	요	.	"												

2 이해하는 문장 쓰기 　유대인은 로마의 장군이 어떤 행동을 하자 포도주를 마셨나요?

유대인은 　　　　　　　　　　　　　　　　　　　　　마셨습니다.

3 생각을 발견하는 문장 쓰기 　로마의 장군은 유대인의 설명을 듣고 어떤 생각을 했을까요?

로마의 장군은 　　　　　　　　　　　　　　　　　　다.

4 상상하는 문장 쓰기 　여러분이 유대인이라면 율법을 지키기 불편한 상황에서 어떻게 행동할까요?

내가 유대인이라면 　　　　　　　　　　　　　　　　다.

모아쓰기 　위에서 답으로 쓴 네 문장을 연결해서 써 보세요. 하나의 근사한 글이 될 거예요.

모든 일에는 순서가 있다

어느 더운 여름날이었어요. 이른 아침부터 시장은 사람들로 북적였지요. 낙타를 팔기 위해 시장에 온 상인의 이마에도 구슬땀이 맺혔어요. 시장 한 구석에 자리를 잡은 상인은 한쪽 기둥에 낙타를 매어놓고 큰 소리로 외치기 시작했어요.

"낙타 사세요! 건강하고 튼튼한 낙타 사세요!"

"얼마 정도면 살 수 있소?"

마침 지나가던 랍비가 상인에게 가격을 물었어요. 랍비는 긴 여행을 떠나기 전 낙타가 필요했거든요.

"은화 여섯 닢*이요."

상인의 말에 랍비는 눈살을 찌푸렸어요. 예상보다 비싼 값을 불렀기 때문이었지요. 랍비는 말했어요.

"은화 네 닢이면 살 것을 무슨 여섯 닢이나 한단 말이오?"

"무슨 소리 하시오? 낙타라고 다 같은 낙타인 줄 아시오?"

상인은 랍비에게 자신이 데리고 온 낙타가 얼마나 건강하고 값어치 있는지를 설명했어요. 랍비는 상인에게 다른 낙타에 비해 너무 비싸다며 가격을 낮춰 달라고 설득했고요. 상인과 랍비는 서로 원하는 가격을 내세우며 옥신각신● 흥정●을 했어요.

"쓰는 김에 조금만 더 쓰시오."

"랍비 처지에 내가 무슨 돈이 있겠소? 사정을 좀 봐주시오."

오랜 시간 실랑이를 벌인 두 사람은 상인의 양보로 마침내 흥정을 마치고 가격을 결정할 수 있었어요.

"값을 결정했으니 지금 바로 집으로 가서 돈을 가져다 드리겠소."

"그럽시다. 난 이 자리에서 기다리고 있겠소."

"잠시만 기다리시오. 내 곧 다녀오겠소. 원하는 낙타를 사게 되었으니 점심은 내가 내겠소. 조금 이따가 같이 가십시다."

기분이 한껏 좋아진 랍비가 이렇게 말하자 상인도 고개를 끄덕였어요. 그때 두 사람이 흥정하는 모습을 내내 지켜보던 한 부자가 상인에게 다가와 말했어요.

"난 지금 바로 낙타 값을 내겠소. 여기에 우리의 점심값을 더 얹어 주겠소."

당황한 상인은 부자와 랍비를 번갈아 쳐다보았어요.

"음……, 글쎄 나는 누구한테 팔아도 상관은 없소만……."

부자의 제안이 싫지 않았던 상인은 랍비의 눈치를 보며 슬그머니 돈주머니에 들

혹시 궁금하지 않았나요?

- **여섯 닢** '닢'은 납작한 물건을 세는 단위인데요. 돈 중에서도 동전을 셀 때 쓰여요. '땡전 한 푼 없다'고 할 때 '푼'도 '닢'과 같은 의미이지만 '푼'은 한 푼, 두 푼처럼 적은 액수라고 여길 때 쓰인다는 차이점이 있어요.
- **옥신각신** 서로 옳다 그르다 다투는 모양새를 말해요.
- **흥정** 물건을 사고파는 것을 '흥정'이라고 해요. 흥정을 할 때는 사거나 팔려는 물건의 품질이나 가격을 가지고 값을 정하지요.

어 있는 돈을 세어 보았어요. 그 사이 부자는 기둥에 묶여 있던 낙타의 끈을 손에 잡아드는 게 아니겠어요? 보다 못한 랍비가 부자에게 말했어요.

"이보시오. 한 가지 물어보겠소."

부자가 랍비를 쳐다보았어요.

"어떤 아이가 사탕을 사려고 가게에 들어갔다 칩시다. 아이는 이리저리 살펴본 후 가장 먹음직스러운 사탕을 집었소. 그런데 옆에 있던 덩치 큰 다른 아이가 작은 아이의 사탕을 빼앗아 계산했다오. **사탕은 본래 누구의 것이오?**"

"당연히 원래 집었던 아이의 것이지요."

"지금 당신이 한 행동도 똑같지 않소? 내가 먼저 흥정하여 낙타 값을 다 정해 놓았는데 당신이 중간에서 가로챘으니 말이오."

이 말을 들은 구경꾼들이 부자를 비웃자 부자는 부끄러워 어쩔 줄을 몰랐답니다.

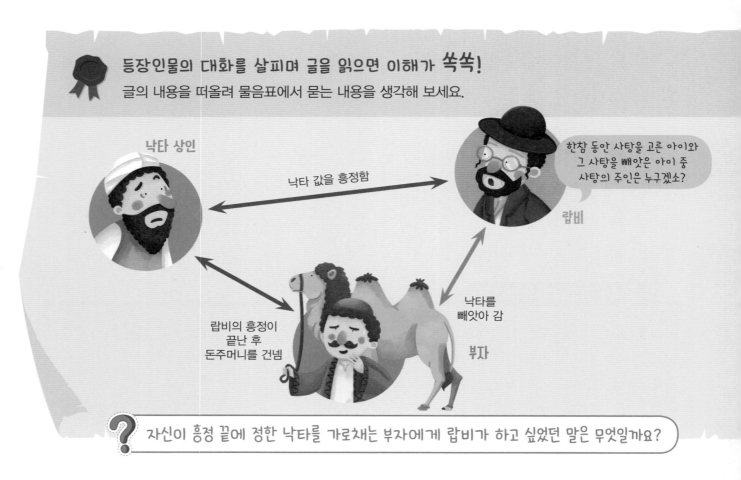

🏅 **등장인물의 대화를 살피며 글을 읽으면 이해가 쏙쏙!**
글의 내용을 떠올려 물음표에서 묻는 내용을 생각해 보세요.

낙타 상인

낙타 값을 흥정함

한참 동안 사탕을 고른 아이와 그 사탕을 빼앗은 아이 중 사탕의 주인은 누구겠소?

랍비

낙타를 빼앗아 감

랍비의 흥정이 끝난 후 돈주머니를 건넴

부자

❓ 자신이 흥정 끝에 정한 낙타를 가로채는 부자에게 랍비가 하고 싶었던 말은 무엇일까요?

✏️ **다음 네 가지 질문에 대한 답을 각각 한 문장으로 써 보세요.**

1 이야기와 만나는 문장 쓰기 다음 문장을 빈칸에 따라 써 보세요.

"	사	탕	은		본	래		누	구	의		것	이	오	?	"	

2 이해하는 문장 쓰기 랍비는 낙타를 빼앗아 간 부자에게 어떤 비유를 들어 이야기를 들려주었나요?

랍비는   다.

3 생각을 발견하는 문장 쓰기 랍비가 부자에게 사탕의 원래 주인이 누구인지 물어본 이유는 무엇일까요?

부자가   다.

4 상상하는 문장 쓰기 여러분이 부자였다면 랍비의 이야기를 듣고 어떻게 행동했을까요?

내가 부자였다면   다.

모아쓰기 위에서 답으로 쓴 네 문장을 연결해서 써 보세요. 하나의 근사한 글이 될 거예요.

_____

_____

_____

_____

_____

하얀 거짓말

흔히 거짓말은 나쁘다고 말합니다. 그 이유는 무엇일까요? 다른 사람에게 나쁜 영향을 주기 때문입니다. 하지만 상황에 따라 어쩔 수 없이 하는 거짓말도 있지요. 혹은 남에게 해가 되지 않는 거짓말도 있고요. 그런 거짓말을 '하얀 거짓말'이라고 합니다. 죄가 되지 않는 거짓말, 하얀 거짓말에는 어떤 것이 있을지 생각하면서 다음 이야기를 읽어 보세요.

마을에서 정말 오랜만에 성대한 결혼식이 열렸어요. 백여 명이 넘는 사람들이 모여 신랑과 신부의 결혼을 축하했지요. 신랑, 신부는 무척 행복해 보였어요. 그 중에서도 신랑은 결혼식 내내 함박웃음*을 지으며 신부를 자랑하기에 바빴어요. 하객들 한 명 한 명에게 다가가 신부가 얼마나 아름다운지 얼마나 멋있는지를 물어보면서 말이에요. 신부는 수줍은 미소를 지으면서도 신랑의 자랑이 싫지 않은 내색이었어요. 이를 지켜보던 신랑의 친구가 랍비에게 물었어요.

"선생님, 질문이 있는데요."

"네. 말씀하세요."

랍비가 신랑의 친구를 보며 대답했어요.

"저……, 아무리 봐도 제 눈에는 신부가 별로 예쁘지 않아요. **친구에게 제 마음을 사실대로 말해도 될까요?**"

"허허허."

랍비는 그 말을 듣고는 소리 내어 웃었어요. 그러고는 말했어요.

"이 세상에는 죄가 되지 않는 거짓말이 딱 두 개가 있습니다."

"그게 뭐죠?"

신랑의 친구가 물었어요.

"첫 번째 거짓말은 결혼식장에서 신랑, 신부에게 하는 말이에요. 신랑이나 신부가 상대방이 잘생겼냐고 물을 때는 무조건 '잘생겼다', '아름답다'라고 답해야 합니다. 그리고 있는 힘껏 두 사람의 결혼을 축복해 주어야겠지요."

신랑의 친구는 고개를 끄덕였어요. 마침 하객°들에게 인사를 하던 신랑이 친구에게로 다가왔어요.

"어때? 내 신부 정말 예쁘지?"

신랑의 말에 친구는 대답했어요.

"그럼! 정말 예쁘다. 이렇게 아름다운 신부는 처음이야."

친구의 말에 신랑은 흡족한° 표정을 지었어요. 친구가 덧붙여 말했어요.

"우리 마을에서 가장 잘생기고 아름다운 두 사람의 결혼을 진심으로 축하해."

혹시 궁금하지 않았나요?

- **함박웃음** 크고 환하게 웃는 웃음을 말해요. 북한에서는 함박웃음을 '함박꽃웃음'이라고도 합니다. 함박웃음이나 함박꽃웃음 모두 꽃처럼 활짝 피어나듯 환하게 웃는 웃음이 떠오르지요?
- **하객** 축하하는 손님을 말하는 한자말이에요. 장례식에 온 손님은 '조문객', 차·배·비행기 따위의 탈것을 타는 손님은 '승객', 공연이나 전시를 보러온 손님은 '관람객'이라고 해요. 이처럼 장소와 상황에 따라 '-객'을 붙여 쓸 수 있습니다.
- **흡족한** 조금도 모자람이 없을 정도로 넉넉하여 만족한다는 의미에요.

친구의 말을 들은 신랑은 친구를 힘껏 껴안으며 감사 인사를 전했어요. 옆에 있던 랍비도 빙긋이 웃음 지었답니다.

신랑이 지나간 후 친구가 말했어요.

"비록 거짓말이었다 해도 두 사람의 결혼을 축복하기 위한 거짓말이라면 죄가 되지 않겠지요?"

랍비는 미소 지은 채 고개를 끄덕였습니다. 신랑의 친구가 다시 물었어요.

"선생님. 그런데 죄가 되지 않는 나머지 한 가지 거짓말은 뭔가요?"

랍비는 신랑의 친구를 쳐다보며 말했어요.

"두 번째는 누군가 물건을 새로 샀을 때 하는 거짓말입니다. 물건을 새로 산 사람이 물건을 내보이면서 어떠냐고 물으면, 무조건 '잘 샀다', '좋아 보인다'라고 말해야 합니다. 비록 그게 거짓말일지라도 말이죠."

랍비의 말에 신랑의 친구는 크게 고개를 끄덕였습니다.

등장인물의 대화를 살피며 글을 읽으면 이해가 쏙쏙!
글의 내용을 떠올려 물음표에서 묻는 내용을 생각해 보세요.

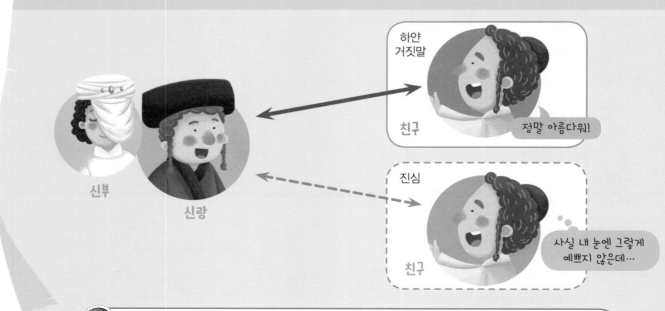

? 만약 친구가 진심을 말했다면 어떤 일이 일어났을까요?

✏️ **다음 네 가지 질문에 대한 답을 각각 한 문장으로 써 보세요.**

1 이야기와 만나는 문장 쓰기 다음 문장을 빈칸에 따라 써 보세요.

"	친	구	에	게		제		마	음	을		사	실	대	로		말	해
도		될	까	요	?	"												

2 이해하는 문장 쓰기 랍비는 결혼식장에서 하는 어떤 말이 죄가 되지 않는 거짓말이라고 했나요?

랍비는   다.

3 생각을 발견하는 문장 쓰기 랍비가 설명한 것과 같은 하얀 거짓말은 어떤 거짓말을 의미할까요?

하얀 거짓말은   다.

4 상상하는 문장 쓰기 여러분이 했던 하얀 거짓말을 생각해 보고 그것이 무엇이었는지 적어 보세요.

나는   다.

모아쓰기 위에서 답으로 쓴 네 문장을 연결해서 써 보세요. 하나의 근사한 글이 될 거예요.

_____

_____

_____

_____

어떤 것이 옳을까요?

4장에서는 어떤 것이 옳은가를 두고 주인공의 주변에서 혹은 마음 속에서 갈등을 일으킵니다.
주인공이 옳다고 생각한 기준은 무엇인지 동그라미 쳐보고 여러분도 같은 생각인지 아닌지 써 보세요.

열여섯 번째 날

품삯의 기준 　　(시간)　　(일의 양)

열일곱 번째 날

안장 밑의 다이아몬드 　　(갖는다)　　(돌려준다)

열여덟 번째 날

율법 　　(반드시 지킨다)　　(상황에 따라 판단한다)

열아홉 번째 날

낙타의 새 주인 　　(먼저 흥정한 사람)　　(먼저 돈을 낸 사람)

스무 번째 날

거짓말 　　(절대로 하면 안 된다)　　(상황에 따라 다르다)

생각에는 정답이 없습니다. 우리가 중요하다고 여기는 가치의 기준은 시대와 사회, 종교 등 환경에 따라 다르고 또 항상 변화하기 때문입니다.
다만, 이 때 남들과 '다른 생각'은 누군가를 해치거나 불이익을 주는 데 이용되지 않아야 한다는 점을 잊지 마세요.

▶ 가이드북 56쪽에 정답

5장

어떤 방법이 좋을까요?

지혜편

보물 상자는 누구의 것?

"이거 받게."

"아니야. 받을 수 없네."

"어허. 받으라니까."

"무슨 소린가? 내 것도 아닌 걸 내가 왜 받아야 하나?"

　햇볕이 쨍쨍 내리쬐는 한낮에 밭 한가운데서 키가 큰 남자와 작은 남자가 실랑이°를 벌이고 있었어요.

"거참. 고집쟁이°도 이런 고집쟁이가 다 있나."

"내가 할 말일세. 이렇게까지 똥고집을 부리다니 거 참."

　두 사람은 한참동안 서로에게 무언가를 미루다가 마침내는 마을에서 가장 지혜롭다는 랍비를 찾았습니다.

"선생님, 제 말 좀 들어 보세요."

"아니, 제 말 먼저 들어 보세요."

두 사람은 서로 뒤질세라 앞다퉈 랍비에게 자기가 먼저 말을 하겠다고 나섰어요.

"조용히 하시오. 한 사람씩 차근차근 이야기해 보시오."

랍비의 말에 키가 큰 남자가 먼저 말을 했어요.

"그게 말입니다. 제가 이 친구에게 며칠 전 밭을 샀는데요. 어제 오전에 밭에 나가 일을 하는데 뭔가가 탁 걸리더라고요. 궁금해서 파 봤더니 커다란 상자가 하나가 있지 뭡니까. 상자를 열어 보니 금화로 가득 찬 보물 상자였지요."

"그래서요?"

랍비가 묻자 키가 큰 남자는 키 작은 남자를 바라보며 말했어요.

"그래서 전 보물 상자를 들고 이 친구한테 찾아갔습니다. 상자를 돌려주려고요. 밭은 제 것이 되었지만 상자는 제 것이 아니지 않겠습니까? 그런데 이 친구는 한사코 자기 상자가 아니라고 우기지 뭡니까?"

가만히 듣고 있던 키 작은 남자가 말했어요.

"당연히 제 것이 아니니까요. 선생님, 말씀드렸다시피 저는 이 친구에게 밭을 팔았습니다. 그러니 팔고 난 다음 밭에서 나온 모든 것은 전부 이 친구의 몫이지요. 안 그렇습니까?"

"흠……."

랍비는 수염을 매만지며 생각에 잠겼어요. 몇 분 동안 가만히 창 밖을 내다보던 랍비에게 좋은 생각이 떠올랐어요.

혹시 궁금하지 않았나요?

- **실랑이** 이러니저러니 옳다 그르다를 따지면서 괴롭히는 일을 말해요. 여기서는 두 친구가 밭에서 나온 보물 상자를 서로 양보하면서 실랑이로까지 번졌어요. 실랑이는 서로 자기 주장을 내세우며 다툴 때도 사용합니다.
- **고집쟁이** 고집이 센 사람을 말합니다. 개구쟁이, 수다쟁이 등 '-쟁이'를 붙일 때는 직업이나 기술을 가진 사람을 말하는 '-장이'와 달리 어떤 성질을 가진 사람을 뜻한답니다.
- **혼기** 혼인 즉 결혼하기에 알맞은 나이를 말해요.

"혹시 두 사람에게 결혼할 나이가 된 자식이 있소?"

"네. 저한테는 다 큰 아들 녀석이 있지요."

키가 큰 남자가 말하자 키가 작은 남자도 말했어요.

"네. 저한테도 혼기°가 찬 딸이 하나 있습니다."

두 사람의 말을 들은 랍비가 손바닥으로 탁자를 '탁' 치며 일어났어요.

"그렇지! 이렇게 하면 되겠군. 두 분의 아들과 딸을 결혼시키고 두 사람에게 보물 상자를 물려주시오."

그 말을 들은 두 사람은 얼굴이 밝아지더니 큰 소리로 웃기 시작했어요.

"하하하, 이렇게 좋은 해결 방법이 있을 줄이야."

랍비에게 감사 인사를 한 두 사람은 어깨동무를 하고 콧노래를 부르며 집으로 돌아갔답니다.

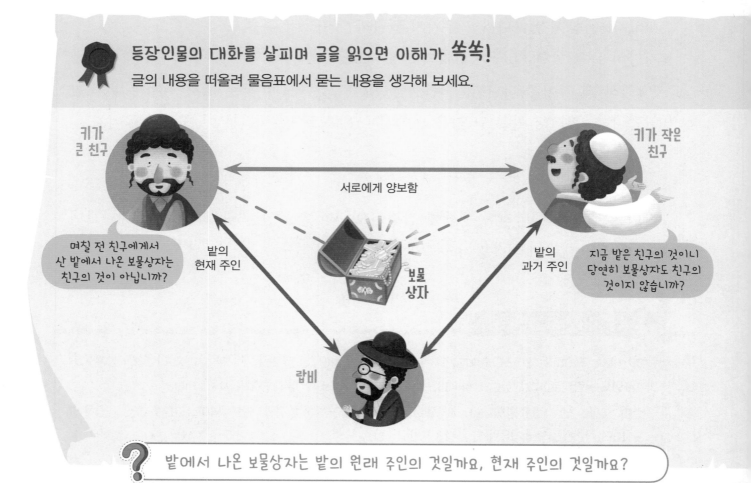

등장인물의 대화를 살피며 글을 읽으면 이해가 쏙쏙!
글의 내용을 떠올려 물음표에서 묻는 내용을 생각해 보세요.

키가 큰 친구

키가 작은 친구

서로에게 양보함

며칠 전 친구에게서 산 밭에서 나온 보물상자는 친구의 것이 아닙니까?

밭의 현재 주인

보물 상자

밭의 과거 주인

지금 밭은 친구의 것이니 당연히 보물상자도 친구의 것이지 않습니까?

랍비

? 밭에서 나온 보물상자는 밭의 원래 주인의 것일까요, 현재 주인의 것일까요?

1 이야기와 만나는 문장 쓰기 　다음 문장을 빈칸에 따라 써 보세요.

"	내		것	도		아	닌		걸		내	가		왜		받	아	야
하	나	?	"															

2 이해하는 문장 쓰기 　두 친구는 무엇 때문에 실랑이를 벌였나요?

두 친구는 　　　　　　　　　　　　　　　　　　　　　　다.

3 생각을 발견하는 문장 쓰기 　랍비는 서로 보물 상자를 양보하는 두 친구에게 어떤 해결책을 알려줬나요?

랍비는 　　　　　　　　　　　　　　　　　　　　　　　다.

4 상상하는 문장 쓰기 　여러분이 랍비였다면 두 친구가 서로에게 미루는 보물 상자를 어떻게 처리하라고 말했을까요?

내가 랍비였다면 　　　　　　　　　　　　　　　　　　다.

모아쓰기 　위에서 답으로 쓴 네 문장을 연결해서 써 보세요. 하나의 근사한 글이 될 거예요.

보이지 않는 보석

지혜로운 랍비가 배를 타고 여행을 떠났습니다. 함께 배에 탄 사람들은 모두 돈이 많은 부자였지요. 부자들은 값비싼 실크로 옷을 해 입고 다이아몬드˚ 반지와 진주 목걸이, 사파이어 팔찌를 몸에 두르고 있었어요. 누가 누가 부자인지 내기라도 하는 것처럼 말이에요.

오랜 시간 여행이 계속되자 심심해진 귀부인 하나가 자기가 가지고 있는 보석을 자랑했어요.

"이 진주 목걸이 좀 보실래요? 제 생일을 맞아 남편이 특별 제작해 준 거랍니다."

"정말 멋지네요. 제 사파이어 팔찌도 세상에 하나밖에 없는 보석이에요. 사파이어가 너무 커서 팔목이 아플 정도예요."

"어머 부러워라. 그런데 역시 보석은 다이아몬드라고 생각하지 않으세요? 제 다이아몬드 반지 좀 보세요. 멀리서도 반짝이는 바람에 감추려야 감출 수가 없답니다. 호호호."

귀부인들의 수다에 뒤질세라 남자들도 한 마디씩 자랑을 늘어놓았어요.

"다이아몬드, 진주 목걸이, 사파이어 팔찌가 있으면 뭐합니까? 뭐니 뭐니 해도 중요한 건 돈이죠. 돈이 있으면 아무리 귀한 보석이라도 다 살 수 있으니까요."

"그러게요. 돈도 돈이지만 넓은 집 놔두고 왜 이 고생인지……. 집이 열 채가 넘어서 여행을 와서도 한 번씩 신경이 쓰이네요."

부자들은 서로 자기가 가진 재산이 많다고 자랑을 늘어놓았어요. 하지만 이 모습을 한심하게 바라보는 사람이 있었어요. 바로 배에서 유일하게 가난한 랍비였지요.

"쯧쯧쯧……."

랍비는 부자들의 말을 들으며 혀를 찼어요. 랍비의 반응에 기분이 상한 부자 한 사람이 물었어요.

"이보세요. 듣고만 계신 랍비 선생. 뭐 대단한 보석이라도 갖고 계시는가 본데 댁이 가진 보석은 무엇이오?"

랍비는 대답했어요.

"보석이라……. 당연히 있지요! 내가 가진 보석은 당신들이 가진 재산과는 비교가 안 될 정도로 귀한 보물이지요."

부자들은 랍비가 가진 값비싼 보물이 무엇일까 궁금했어요.

"그게 뭐죠?"

"한 번 봅시다!"

"내가 사겠소."

저마다 한 마디씩 하면서 랍비의 보물을 보고 싶어 했어요.

"미안합니다만 보여줄 수가 없소. **내가 가진 보물은 눈에 보이는 게 아니기 때문이라오.**"

혹시 궁금하지 않았나요?

- **다이아몬드** 다이아몬드는 탄소로만 이루어져 있는데 지구에서 가장 단단한 물질이에요. 탄소로만 이루어진 또 다른 물질은 바로 연필심으로 쓰이는 흑연이고요. 같은 탄소로 이루어졌지만 아무나 가질 수 없는 다이아몬드에 비해 흑연으로 만든 연필은 정말 싸고 누구나 살 수 있습니다. 하지만 연필이 지식을 쌓는 일과도 관련되어 있다는 점에서 다이아몬드와 흑연, 부자와 랍비, 어쩐지 어울리는 비교가 아닐까요?

- **해적** 배를 타고 다니면서 지나가는 다른 배나 해안 지방을 습격해 돈이나 보석을 빼앗는 바다 도둑을 말해요. 해적들이 타고 다니는 배를 '해적선'이라고 하고요. 해적선은 오늘날에도 사라지지 않고 남아 있어요.

보석을 보여줄 수 없다는 랍비의 말에 부자들은 모두 랍비를 비웃었어요.

며칠 뒤 바다 한 가운데를 지나던 배에 해적*이 들이닥쳤어요. 해적은 부자들의 재산을 모두 빼앗고 생판 모르는 곳에 이들을 내려놓았답니다. 부자들은 땡전 한 푼 없이 낯선 곳에서 지내야만 했어요.

몇 년 후 랍비는 길에서 같은 배를 탔던 부자를 다시 만나게 되었어요. 부자는 고향으로 돌아가지 못해 거지가 되어 있었지요.

"한데 선생님은 어떻게 이렇게 그대로십니까?"

부자의 질문에 랍비는 말했어요.

"전 여기 학교에서 아이들을 가르치고 있습니다."

그 사이 랍비는 높은 학식을 인정받아 학교 선생님이 됐거든요.

"그때 말씀하신 눈에 보이지 않는 보물이 바로 이런 것이군요!"

부자는 랍비의 말에 땅을 치며 후회했답니다.

등장인물의 대화를 살피며 글을 읽으면 이해가 쏙쏙!
글의 내용을 떠올려 물음표에서 묻는 내용을 생각해 보세요.

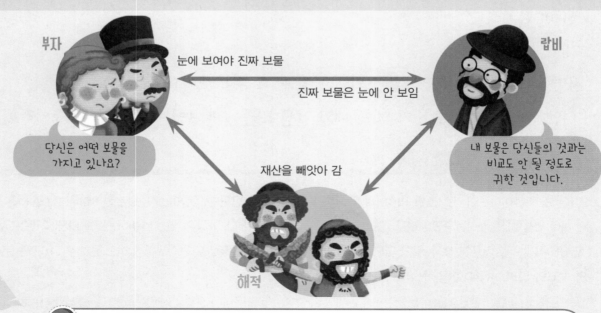

부자

눈에 보여야 진짜 보물

진짜 보물은 눈에 안 보임

랍비

당신은 어떤 보물을 가지고 있나요?

재산을 빼앗아 감

내 보물은 당신들의 것과는 비교도 안 될 정도로 귀한 것입니다.

해적

? 몇 년 후 거지가 된 부자가 선생님이 된 랍비를 만났을 때 어떤 생각을 했을까요?

다음 네 가지 질문에 대한 답을 각각 한 문장으로 써 보세요.

1 이야기와 만나는 문장 쓰기 다음 문장을 빈칸에 따라 써 보세요.

"	내	가		가	진		보	물	은		눈	에		보	이	는		게
아	니	기		때	문	이	라	오	.		"							

2 이해하는 문장 쓰기 몇 년 후 부자와 랍비는 각각 어떻게 되었나요?

부자는   다.

3 생각을 발견하는 문장 쓰기 부자는 선생님이 된 랍비를 보고 어떤 생각을 했을까요?

부자는   다.

4 상상하는 문장 쓰기 만약 여러분이 거지가 된 부자라면 선생님이 된 랍비를 만난 뒤 어떻게 행동했을 것 같나요?

내가 부자였다면   다.

모아쓰기 위에서 답으로 쓴 네 문장을 연결해서 써 보세요. 하나의 근사한 글이 될 거예요.

싸움을 말리는 방법

어느 조용한 마을에 부부싸움이 잦은 남편과 아내가 있었습니다. 두 사람은 작은 일에도 싸움이 붙어 큰 소리가 나기 일쑤였죠.

"뭐라고? 다시 말해 봐요!"

"당신이 잘못했지. 내가 잘못했어요? 백 번을 말해도 똑같이 말할 수 있어요!"

"그게 왜 내 잘못이야? 당신이 계산을 잘못한 걸 왜 내 탓으로 떠넘겨?"

"기막혀. 애당초 당신이 제대로 못해서 나한테 떠넘겨 놓고 무슨 할 말이 있다고."

이날도 서로의 잘잘못을 따지면서 목소리가 높아졌어요. 서로에게 삿대질●까지 하면서 싸우는 부부를 보다 못한 아들이 두 사람을 향해 말했어요.

"그만 좀 하세요! 정말 동네 창피해서 못 살겠어요. 두 분 중 누가 진짜 잘못을 했는지는 랍비님이 아실 거예요. 랍비님께 가셔서 물어보세요!"

아들의 말에 부부는 마지못해 마을에서 가장 나이 많은 랍비에게 찾아갔어요. 여전히 화가 풀리지 않은 두 사람은 랍비 앞에서도 싸움을 그칠 줄 몰랐죠.

"그러니까 이 사람 잘못이라 이 말입니다."

"대들보 같은 자기 잘못은 못 보고 티끌 같은 내 잘못만 들춰내는 사람이에요."

랍비는 두 사람에게 말했어요.

"자자, 진정하시고 먼저 아내분 말씀부터 들어 보겠습니다. 남편분은 여기서 잠깐 기다려 주세요."

랍비는 아내를 서재로 안내했어요.

"자, 이제부터 하고 싶은 말씀이 있으시면 여기서 모두 하세요."

랍비는 아내에게 남편에 대해 하고 싶은 말을 모두 하라고 말하고는 아내의 이야기가 끝날 때까지 가만히 들어 주었어요. 아내가 말하는 동안 랍비는 '아, 당연히 그렇게 생각하실 수 있죠', '맞는 말씀입니다', '많이 속상하셨겠네요'라는 말로 맞장구를 쳐 주었지요.

"어휴. 이제 좀 속이 시원하네요. 고맙습니다, 랍비님."

아내가 말을 마치고 응접실로 돌아가자 이번에는 남편을 서재로 불렀어요.

"편하게 말씀해 보세요."

랍비는 남편에게도 아내에 대해 하고 싶은 말을 모두 하라고 말했어요. 아내에게 했던 것과 마찬가지로 남편이 말하는 동안에도 랍비는 '아, 당연히 그렇게 생각하실 수 있죠', '맞는 말씀입니다', '많이 속상하셨겠네요'라는 말로 똑같이 맞장구를 쳐 주었지요.

"뭐, 그러고 보니 제 잘못도 좀 있네요. 고맙습니다. 랍비님."

랍비에게 이야기를 끝낸 두 사람은 처음과 달리 평온한 얼굴이 되었어요. 게다가

혹시 궁금하지 않았나요?

- **삿대질** 서로 자기 말이 옳다고 말다툼을 할 때 주먹이나 손가락, 막대기 같은 것을 상대방의 얼굴을 향해 내지르는 행동을 말해요. '삿대'는 '상앗대'의 줄임말로 나룻배와 같은 작은 배를 물가에서 떼거나 얕은 곳으로 밀 때 쓰는 긴 장대를 뜻한답니다.
- **대들보** 집을 지을 때 지붕을 떠받치기 위해 기둥을 세우는데요, 대들보는 그 기둥과 기둥 사이를 가로질러 놓는 길고 큰 보를 말해요. 여기서는 나무가시처럼 작은 '티'와 비교해서 큰 것이라는 의미로 쓰였어요.
- **티끌** 티나 먼지를 통틀어 하는 말이에요.

남편이 아내에게 먼저 용서를 구하자 아내 역시 자신에게도 잘못이 있다며 사과를 했지요. 부부는 그 자리에서 화해하고는 집으로 돌아갔답니다.

이 모습을 모두 지켜본 랍비의 제자가 물었어요.

"선생님, 두 사람이 서로 잘못을 지적했을 때 선생님은 아내한테도 '맞다', 남편한테도 '맞다'고 맞장구를 쳐 주셨잖아요. 두 사람의 말은 완전히 달랐는데 두 사람 모두에게 맞장구를 쳐 주신 이유는 뭐죠?"

랍비는 제자의 말에 미소 지으며 대답했어요.

"상대가 잘못했다고 목소리를 높이는 부부에게 한 사람이 잘못했다고 말하는 건 불난 집에 기름을 붓는 것과 같다네. 그때는 그저 가만히 이야기를 들어 주기만 해도 흥분을 가라앉힐 수 있지. 그러고 나면 자기 잘못도 눈에 보이는 법이야. **때로는 상대의 감정을 인정해 주는 것만으로도 쉽게 싸움이 끝난다네.**"

랍비의 말에 제자는 고개를 끄덕였답니다.

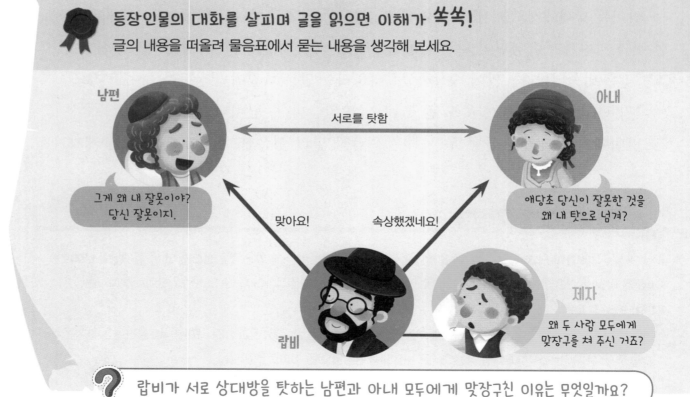

등장인물의 대화를 살피며 글을 읽으면 이해가 **쏙쏙**!
글의 내용을 떠올려 물음표에서 묻는 내용을 생각해 보세요.

남편
아내
서로를 탓함
그게 왜 내 잘못이야? 당신 잘못이지.
애당초 당신이 잘못한 것을 왜 내 탓으로 넘겨?
맞아요!
속상했겠네요!
랍비
제자
왜 두 사람 모두에게 맞장구를 쳐 주신 거죠?

? 랍비가 서로 상대방을 탓하는 남편과 아내 모두에게 맞장구친 이유는 무엇일까요?

1 이야기와 만나는 문장 쓰기   다음 문장을 빈칸에 따라 써 보세요.

"	때	로	는		상	대	의		감	정	을		인	정	해		주	는
것	만	으	로	도		쉽	게		싸	움	이		끝	난	다	네	.	"

2 이해하는 문장 쓰기   랍비는 화가 나서 서로의 험담을 하는 부부에게 어떻게 했나요?

랍비는   다.

3 생각을 발견하는 문장 쓰기   랍비는 화가 난 사람에게는 어떻게 해야 한다고 말했나요?

랍비는   다.

4 상상하는 문장 쓰기   여러분이 랍비라면 부부싸움을 줄이기 위해 무엇을 하라고 가르쳐 주었을까요?

내가 랍비라면   다.

모아쓰기   위에서 답으로 쓴 네 문장을 연결해서 써 보세요. 하나의 근사한 글이 될 거예요.

솔로몬과 진짜 엄마

'지혜의 왕'으로 불리던 솔로몬 왕이 이스라엘을 다스리고 있을 때의 일이에요.
어느 날 두 여인이 솔로몬 왕을 찾아왔어요. 두 여인을 데리고 온 신하의 품에는 포대
기에 싸인 아기가 안겨 있었어요.

"무슨 일로 나를 찾아 왔는가?"

솔로몬 왕이 묻자 두 여인 중 붉은 색 옷을 입은 여인이 말했어요.

"현명한 왕이시여. 너무나 답답한 마음에 여기까지 찾아왔습니다. 글쎄 말이에요.
이 아기는 제 뱃속에서 키우고 낳은 제 아이인데요. 저 여자가 난데없이 나타나서
는 자기 아기라고 우기지 뭐예요? 이게 말이나 되나요?"

"아니에요!"

붉은 색 옷을 입은 여인의 말이 끝나기가 무섭게 푸른 색 옷을 입은 여인이 소리
쳤어요.

"아닙니다. 임금님. 절대로 저 여인은 아기의 엄마가 아니에요. 왜냐하면 제가 이
아기의 엄마니까요. 보세요. 저 아이의 둥근 얼굴은 저를 쏙 빼닮았어요."

그 말을 들은 붉은 색 옷을 입은 여인은 푸른 색 옷을 입은 여인을 향해 화를 내며 말했어요.

"그럼 내가 아기를 훔치기라도 했단 말이야? 어디서 그런 말도 안 되는 거짓말을 하는 거야? 임금님. 아기의 머리카락을 보세요. 가늘고 노란 저 머리카락은 저와 판박이가 아닙니까? 이래도 제 아기가 아니라고 말할 수 있겠어요?"

두 여인의 말을 들은 솔로몬 왕은 아기를 가까이 데려오라고 손짓했어요. 가까이 살펴본 아기의 얼굴은 정말 푸른 옷을 입은 여인처럼 동그랗고 붉은 옷을 입은 여인처럼 노란색 머리카락을 가지고 있었어요.

'음……, 이를 어쩐다?'

솔로몬 왕이 생각에 잠긴 동안에도 두 여인은 소리를 지르며 서로 자신의 아기라고 우기기 바빴어요.

'그렇지! 이렇게 하면 되겠구나.'

순간 솔로몬 왕에게 좋은 생각이 떠올랐습니다.

"자자. 둘 다 진정하시오. 내가 공정●하게 판결●해 주겠소. 거, 여봐라. 여기 긴 칼 하나를 가져 오너라."

솔로몬 왕은 신하를 시켜 긴 칼을 가져오게 했어요. 그러고는 신하에게 명령했어요.

"이제는 여기 탁자 위에 아기를 눕히도록 하라."

아기를 안고 있던 신하가 탁자 위에 조심스럽게 아기를 올려놓았어요. 아무것도 모르는 아기는 새근새근 잠들어 있었답니다.

"좋다. 이제 공정한 판결을 내리겠다. 지금부터 이 아이를 둘로 나누어라. 그리고

혹시 궁금하지 않았나요?

● **솔로몬** 솔로몬은 이스라엘의 세 번째 왕인데요. 두 번째 왕이었던 다윗의 아들이랍니다. 왕위에 오른 솔로몬은 신에게 지혜를 달라고 기도했는데, 소원이 이루어졌는지 사람들은 솔로몬을 '지혜롭고 위대한 왕'으로 불렀어요. '솔로몬의 지혜'라는 말이 생겨날 정도로 말이에요.

● **공정** 공평하고 올바른 것을 말해요.

● **판결** 옳고 그름을 판단해서 결정한다는 뜻이에요.

두 여인은 아기를 각각 반씩 나누어 데려가도록 하라.”

솔로몬 왕이 판결을 내리자 긴 칼을 든 신하가 아기에게 다가가 칼을 높이 치켜들었어요. 소란스러운 분위기 때문에 잠에서 깬 아기가 울기 시작했습니다.

“멈추세요!”

이때 푸른 색 옷을 입은 여인이 목청이 떠나가라 소리를 질렀어요.

“그만 하세요. 저 여인이 아기의 엄마입니다. 그러니 아기를 저 여인에게 주세요. 제발요.”

푸른 색 옷을 입은 여인은 펑펑 눈물을 쏟으며 무릎을 꿇고 앉아 사정했어요.

솔로몬 왕은 말했어요.

“아기를 푸른 색 옷을 입은 여인에게 데려다 주거라. 아기의 생명을 소중히 여긴 이 여인이 진짜 아기의 엄마다. 거짓말을 한 저 여인은 당장 감옥으로 끌고 가거라!”

그리하여 아기는 진짜 엄마의 품으로 돌아갈 수 있었답니다.

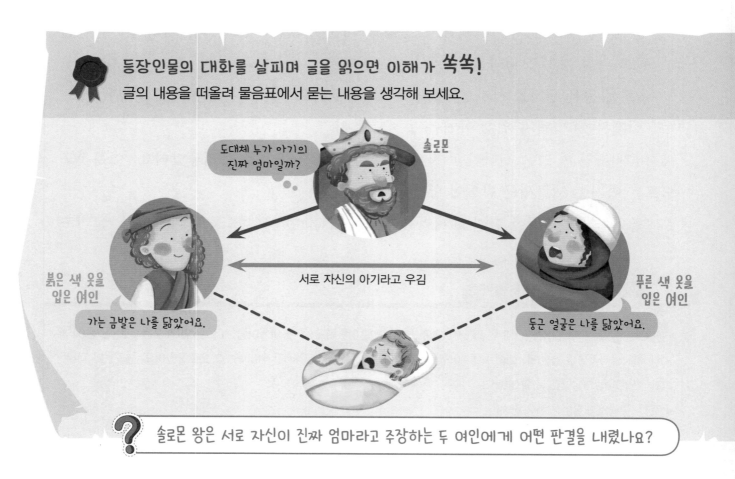

등장인물의 대화를 살피며 글을 읽으면 이해가 쏙쏙!
글의 내용을 떠올려 물음표에서 묻는 내용을 생각해 보세요.

도대체 누가 아기의 진짜 엄마일까?

솔로몬

붉은 색 옷을 입은 여인

서로 자신의 아기라고 우김

푸른 색 옷을 입은 여인

가는 곱발은 나를 닮았어요.

둥근 얼굴은 나를 닮았어요.

? 솔로몬 왕은 서로 자신이 진짜 엄마라고 주장하는 두 여인에게 어떤 판결을 내렸나요?

✏️ **다음 네 가지 질문에 대한 답을 각각 한 문장으로 써 보세요.**

1 이야기와 만나는 문장 쓰기 다음 문장을 빈칸에 따라 써 보세요.

순	간		솔	로	몬		왕	에	게		좋	은		생	각	이		떠
올	랐	습	니	다	.													

2 이해하는 문장 쓰기 한 아기와 두 여인이 찾아왔을 때 솔로몬 왕은 어떤 판결을 내렸나요?

솔로몬 왕은 _____ 다.

3 생각을 발견하는 문장 쓰기 솔로몬 왕의 판결을 보고 여러분은 어떤 생각이 들었나요?

솔로몬 왕의 판결은 _____ 다.

4 상상하는 문장 쓰기 여러분이 솔로몬 왕이었다면 진짜 엄마를 찾아주기 위해 어떻게 했을까요?

내가 솔로몬 왕이었다면 _____ 다.

모아쓰기 위에서 답으로 쓴 네 문장을 연결해서 써 보세요. 하나의 근사한 글이 될 거예요.

_____

_____

_____

_____

등불을 켜는 마음

　　전기가 없던 아주 옛날의 일이에요. 해가 진 어두컴컴한 거리에서 한 나그네●가 길을 걷고 있었어요. 그날따라 구름이 잔뜩 낀 탓에 달빛, 별빛조차 보이지 않았답니다. 잔뜩 움츠린 채 걷고 있던 나그네는 생각했어요.

　　'어휴. 얼마나 더 가야 여관이 나올까? 이제 더는 걸을 기운도 없어'

　　사위●는 짙은 어둠으로 둘러싸여 한 치 앞도 보이지 않았어요. 더군다나 처음 와 본 낯선 마을이었으니 얼마나 더 가야 하는지도 알지 못했지요.

　　"어이쿠!"

　　더듬더듬 길을 가던 나그네가 이번에는 갑자기 휘청하며 고꾸라졌어요. 코앞의 돌부리를 보지 못하고 걸려 넘어진 것이었어요. 다행히 바닥에 손을 짚으면서 손바닥을 긁힌 정도였지만, 하마터면 크게 다칠 뻔했지 뭐예요. 나그네는 주저앉아 한숨을 내쉬었어요.

'언제까지 이렇게 걸어가야 하는 걸까? 누군가 지나가는 사람이라도 있다면 얼마나 좋을까.'

울상이 된 나그네가 힘겹게 자리를 털고 일어났어요. 그때, 멀리서 작은 불빛 하나가 보였어요. 나그네는 두 눈을 크게 뜨고 불빛을 쳐다보았어요. 불빛은 점점 더 가까이 다가오며 주위를 밝혔어요.

'누군가 오고 있어! 오, 신이시여! 감사합니다. 정말 감사합니다.'

나그네는 불빛을 향해 걸어갔어요.

"안녕하세요?"

가까이 다가가 반갑게 인사를 건넸지요.

"아, 네. 안녕하세요."

등불*을 들고 있던 남자 역시 나그네에게 인사를 했어요.

"저, 죄송한데 제가 이곳에 처음 왔거든요. 혹시 이 근처에 묵을 만한 데가 있는지 알려 주실 수 있을까요?"

나그네가 묻자 등불을 든 남자가 오른쪽을 가리키며 대답했어요.

"저를 따라오세요. 이 길로 15분 정도만 더 가시면 여관이 나옵니다."

"고맙습니다! 덕분에 길에서 밤을 지새우지 않아도 되겠네요."

나그네는 연신 인사를 하며 고마움을 표시했어요. 그러다 남자가 다른 한 손에 지팡이를 짚고 있다는 걸 알아차렸어요. 자세히 보니 남자는 두 눈을 감고 있었고요.

"어……, 실례지만 혹시 앞을 보지 못하시나요?"

혹시 궁금하지 않았나요?

- **나그네** 자기가 살던 곳을 떠나 다른 곳에 머물거나 떠도는 사람을 말해요. 어두컴컴한 밤, 낯선 곳에서 길을 잃은 나그네에게 등불을 든 사람만큼 반가운 사람이 또 있을까요? 그런데 요즘은 나그네 대신 여행자라는 말을 더 자주 사용한답니다.
- **사위** 사방의 둘레를 말하는데요. '사위가 어두워지다', '사위를 두리번거리다'처럼 쓸 수 있어요.
- **등불** 어두운 곳을 밝히는 모든 등을 말해요. 동물성·식물성 기름, 석유 등을 연료로 그릇에 켜는 '등잔불'도 비슷한 역할을 하지만 손에 들고 다닐 수는 없어요.

나그네의 말에 등불을 든 남자가 고개를 끄덕였어요.

"네. 그렇습니다."

"아니, 그럼 왜 등불을 들고 다니시는 거죠?"

나그네는 앞을 보지 못하는 남자가 자신은 보지도 못할 등불을 들고 다니는 이유가 궁금했어요. 남자는 빙긋이 미소 짓더니 말했어요.

"당신처럼 미처 등불을 들고 오지 못한 사람이 빛을 볼 수 있고, 등불이 없는 사람이 나와 부딪히는 일을 막을 수도 있기 때문입니다."

아무런 준비 없이 밤을 맞은 나그네는 자신의 안전조차 제대로 챙기지 못한 스스로가 부끄러워 얼굴을 붉히고 말았답니다.

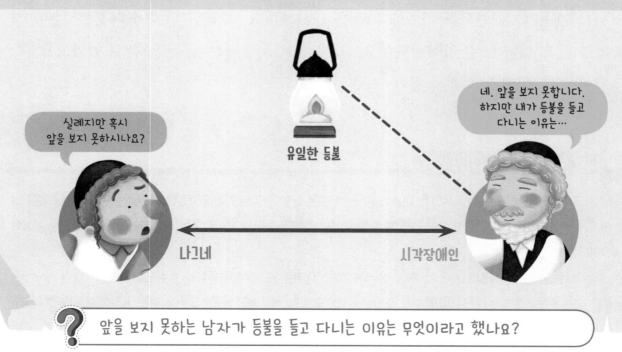

등장인물의 대화를 살피며 글을 읽으면 이해가 **쏙쏙!**
글의 내용을 떠올려 물음표에서 묻는 내용을 생각해 보세요.

실례지만 혹시 앞을 보지 못하시나요?

유일한 등불

네. 앞을 보지 못합니다. 하지만 내가 등불을 들고 다니는 이유는…

나그네 ←→ 시각장애인

? 앞을 보지 못하는 남자가 등불을 들고 다니는 이유는 무엇이라고 했나요?

1 이야기와 만나는 문장 쓰기   다음 문장을 빈칸에 따라 써 보세요.

"	아	니	,		그	럼		왜		등	불	을		들	고		다	니
시	는		거	죠	?	"												

2 이해하는 문장 쓰기   남자는 무엇 때문에 등불을 들고 다닌다고 말했나요

남자는   다.

3 생각을 발견하는 문장 쓰기   여러분은 등불을 든 남자가 어떤 사람이라고 생각하나요?

남자는   다.

4 상상하는 문장 쓰기   여러분이 앞을 보지 못하는 사람이라면 밤길을 걸을 때 어떻게 할까요?

나라면   다.

모아쓰기   위에서 답으로 쓴 네 문장을 연결해서 써 보세요. 하나의 근사한 글이 될 거예요.

기억하고 있나요?

어떤 방법이 좋을까요?

5장에서는 각 이야기마다 갈등 상황이 발생하고 지혜로운 사람이 등장해 해결책을 제시합니다.
아래는 5장의 등장인물들이 또 다른 질문을 한 상황을 상상해 보았습니다.
여러분이 랍비라면 어떤 해결책을 알려줄까요?

▶ 가이드북 56쪽에 정답

책을 좋아하는 아이도 **글쓰기**는 **연습**이 필요하다

하루 한 문단 쓰기

휘리릭

초등 4문장 글쓰기

손상민 지음

탈무드편

책을 읽고 느낀 점이 떠오르게 만드는
1 필사 **+ 3** 중심문장 만들기 시스템

정답 및 가이드북

동양북스

하루 한 문단 쓰기

휘리릭

초등
4문장
글쓰기

탈무드편

손상민 지음

차례

부모님 및 선생님을 위한 예시 답안 활용법   **04**

1장
어떤 사람이
되고 싶은가요?
인 물 편

첫 번째 이야기	유리창과 거울의 차이	06
두 번째 이야기	진짜 친구의 조건	08
세 번째 이야기	뛰는 놈 위에 나는 놈 있다	10
네 번째 이야기	행동으로 말하기	12
다섯 번째 이야기	형제가 잠을 설친 이유	14

2장
어떻게 하면
좋을까요?
행 동 편

여섯 번째 이야기	굴뚝 청소를 하고 나오면	16
일곱 번째 이야기	단 하나의 유산	18
여덟 번째 이야기	배고픈 여우의 선택	20
아홉 번째 이야기	언제 배를 타야 할까?	22
열 번째 이야기	임금이 부럽지 않은 이유	24

3장
어떤 감정을 느끼나요?
감정편

열한 번째 이야기	거미를 싫어한 임금님	26
열두 번째 이야기	나무 심는 할아버지	28
열세 번째 이야기	목숨을 구한 정성	30
열네 번째 이야기	모든 행동에는 이유가 있다	32
열다섯 번째 이야기	나쁜 일과 좋은 일은 생각의 차이	34

4장
어떤 것이 옳을까요?
규범편

열여섯 번째 이야기	다른 시간 같은 대가	36
열일곱 번째 이야기	다이아몬드의 주인은 누구일까?	38
열여덟 번째 이야기	어디까지 지켜야 할까?	40
열아홉 번째 이야기	모든 일에는 순서가 있다	42
스무 번째 이야기	하얀 거짓말	44

5장
어떤 방법이 좋을까요?
지혜편

스물한 번째 이야기	보물 상자는 누구의 것?	46
스물두 번째 이야기	보이지 않는 보석	48
스물세 번째 이야기	싸움을 말리는 방법	50
스물네 번째 이야기	솔로몬과 진짜 엄마	52
스물다섯 번째 이야기	등불을 켜는 마음	54

기억하고 있나요? 정답	56

이렇게 활용하세요!

《휘리릭 초등 4문장 글쓰기 탈무드 편》은 글쓰기를 어려워하는 아이들에게 글감을 제공하고 자신이 직접 쓴 글을 보며 글쓰기의 장벽을 허무는 데 그 목적을 두었습니다. 따라서 〈부모님과 선생님을 위한 가이드북〉역시 참고용일뿐 아이들의 생각을 제한하거나 교정하는 데 쓰이기를 바라지 않습니다.

《휘리릭 초등 4문장 글쓰기》시리즈의 첫 편인 〈탈무드〉는 이 시리즈의 기획과 정면으로 맞닿아 있습니다. 유대인의 교육법으로 주목받은 탈무드의 핵심은 탈무드에 담긴 내용이라기보다 탈무드를 접하는 과정에 있습니다. 바로 히브리어로 친구라는 뜻의 '하브루타'입니다. 유대인들은 두 사람이 마주보고 질문을 주고받으며 토론하는 하브루타가 없이는 탈무드의 지혜가 제대로 전달되지 못한다고 말합니다. 하브루타를 통해 서로 대화를 나누며 생각을 키워나가고 그 깊이를 이해하는 과정을 통해 진짜 '지혜'가 생겨난다는 말입니다.

〈부모님과 선생님을 위한 가이드북〉은 하브루타를 위한 지침 정도로 여겨 주시기를 당부 드립니다. 아이의 생각을 이끌어내기 위한 도구로 탈무드 이야기를 활용하십시오. 아이가 스스로의 생각을 글로 표현할 때는 칭찬과 격려를 아끼지 말아주시기 바랍니다.

간혹 맞춤법이 틀렸다거나 내용을 잘못 파악했더라도 지적과 평가 대신 아이의 의견을 찬찬히 들어봐 주세요. 글쓰기를 기회로 아이와 소통할 수 있다면 그 또한 좋은 교육이 될 수 있습니다.

〈부모님과 선생님을 위한 가이드북〉은 가이드의 방향을 알려주는 '가이드 Tip', 본문을 읽기 전 대화를 나눌 수 있는 질문으로 구성된 '읽기 전 생각해 볼 것들', 본문의 주요 문장 따라 쓰기를 시작으로 4개의 문장을 만드는 예시 답안 '참고하세요!', 작성된 답안과 추가 정보를 보면서 이야기를 나누기 위한 '가이드 읽을거리'로 구성되었습니다.

통상 글쓰기를 어려워하는 아이들은 독후활동으로 글쓰기를 할 때에도 첫 문장 쓰기에서 많은 시간을 보내고는 합니다. 겨우 첫 문장을 썼다 해도 다음 문장에서 어떤 내용을 써야할지, 어떤 생각을 어떻게 표현할지 망설이고는 하지요.

《휘리릭 초등 4문장 글쓰기》는 이러한 아이들을 위해 우선 본문의 문장부터 따라 쓰도록 했습니다. 이어 본문의 내용을 확인하면서 두 번째 문장을 만들고 자신의 생각을 표현하는 세 번째, 네 번째 문장까지 쓰고 나면 하나의 완성된 글이 됩니다.

'모아쓰기'로 완성된 글쓰기를 반복한 아이들은 어느새 글쓰기에 익숙해진 자신을 발견합니다. 스물다섯 번의 작은 성취(총 25개의 이야기가 수록되어 있습니다)가 쌓이면 긴 글을 쓸 자신감도 얻게 될 것입니다. 아이가 흥미를 느낀다면 4문장으로 그치지 말고 더 긴 글을 쓰도록 지도해 주셔도 좋습니다.

다음은 아이들의 작은 성취를 응원하기 위한 최소한의 원칙들입니다. 〈부모님과 선생님을 위한 가이드북〉활용 원칙을 잘 활용하셔서 아이들에게 글쓰기 자신감을 심어주시고 더 많은 글을 자유롭게 쓰도록 독려해 주세요.

⟨부모님과 선생님을 위한 가이드북⟩ 활용 원칙

1 틀린 맞춤법과 답안에 집중하지 않습니다.

아이들의 답안을 볼 때 맞춤법에 연연하지 않으셔도 됩니다. 지금 아이들에게 필요한 건 글쓰기의 자신감이니까요. 예시 답안과 아이들의 답안을 비교하며 '틀리다'를 지적하기보다 '다르다'라고 받아들여 주세요. 판에 박힌 답안보다 독특하고 기발한 생각일수록 칭찬 받아 마땅합니다.

2 질문을 주고받으며 생각을 키워나갈 수 있도록 돕습니다.

유대인들이 탈무드를 공부하면서 지혜를 발견하는 '하브루타'의 방법을 활용해 보시기 바랍니다. 주어진 질문 외의 질문을 던져보시고 어떤 대답을 하는지 귀 기울여 주세요. 또 아이들에게 스스로 질문할 기회를 주시고 그 질문에 대해 함께 터놓고 이야기를 나누어 보세요.

3 예시 답안을 강요하지 않습니다.

예시 답안은 말 그대로 예시 답안일 뿐이라는 사실을 기억해 주세요.

4 논리적 타당성이 부족하다면 스스로 점검할 수 있도록 안내합니다.

질문의 의도를 파악하지 못한 답안, 본문 이야기와는 아무 상관없는 답안, 성의 없는 답안 등 학습 지도가 필요한 경우, 질문을 통해 아이가 스스로 문제를 파악하도록 안내합니다. 본문의 내용을 여러 번 살펴보도록 지도하고 나름의 근거와 타당성이 있는 답안을 작성하도록 도와주세요.

5 본문에 들어간 삽화는 이야기의 내용을 함축하고 있습니다.

이야기 시작 부분에 들어가는 삽화는 이야기의 내용을 고증하는 구체적인 자료 그림이라기 보다 사건의 인상을 담은 함축적인 장면으로 만들었습니다. 따라서 책을 읽기 전 삽화를 보고 아이들과 함께 다양한 이야기를 상상해 보는 용도로 활용해 보세요. 또 이야기를 읽고 난 후에는 본문 하단에 있는 인물관계도의 질문과 답을 통해 다시 한 번 전체 내용을 확인해 보도록 지도해 주시기 바랍니다.

"안녕히 계세요!"

수업이 끝나자 아이들이 우르르 썰물처럼 교실을 빠져나갔어요. 한 아이만 빼고 말이에요. 아이는 가방을 싸는 것도 느릿느릿, 걸어 나가는 것도 느릿느릿. 거북이가 따로 없었지요. 무언가를 곰곰이 생각하며 문밖으로 나갔던 아이는 곧 다시 교실로 돌아왔어요. 이를 지켜본 랍비가 물었어요.

"수업이 끝났는데 다시 돌아왔구나. 수업 내용 중 궁금한 게 있니?"

"아니요."

"친구들과 문제라도 있는 거야?"

"아니에요……."

랍비는 눈짓으로 의자를 가리키며 말했어요.

"그럼 앉아서 할 말이 생각나거든 그때 얘기하렴."

랍비는 말없이 하던 일을 계속 했지요. 내일 수업을 위해 교실을 정리했어요. 한동안 그 모습을 쳐다보던 아이가 랍비에게 다가와 어렵게 입을 열었어요.

"사실은 어제 저희 집에 마을에서 제일가는 부자가 다녀갔어요. 얼마 전 아버지께서 급하게 돈을 빌리셨거든요."

"그랬구나. 아버지는 뭐라고 하셨니?"

"아버지는 부자에게 조금만 더 기다려 달라고 사정하셨어요."

아이는 어제 일이 떠오르는 듯 화가 난 표정으로 말했어요.

"선생님. 저희 집은 가난하지만 부모님은 다른 사람들에게 늘 뭔가를 베풀어 주셨어요. 제 어머니만 하더라도 혼자 사시는 옆집 할머니께 항상 먹을 것을 가져다 드리죠. 하지만 그 부자는 곡식을 창고 안에 가득가득 채워놓고 살면서도 왜 어려운 사람의 사정을 전혀 봐주지 않는 걸까요? 전 도저히 이해할 수가 없어요."

랍비는 잠시 생각에 잠겼어요. 뭐라고 대답해야 할지 고민이 됐거든요. 그러다 교실 유리창 너머의 풍경

이 랍비의 눈에 들어왔어요. 그리고 문득 한 가지 생각이 떠올랐답니다.

"얘야, 저 유리창을 보렴."

아이는 고개를 돌려 교실 유리창을 바라봤어요.

"이제 유리창 너머 거리를 보렴. 뭐가 보이지?"

"음. 아주머니 한 분이 머리에 짐을 이고 가시네요. 플라타너스 나뭇잎이 산들산들 흔들리는 걸 보니까 시원한 바람도 부는 모양이에요."

랍비는 서랍 속에 들어있던 손거울을 꺼내 아이에게 건네며 말했어요.

"이번에는 이 거울을 보렴. 뭐가 보이지?"

"당연히 제 얼굴이죠."

"그래. 방금 네가 본 유리창과 거울은 모두 유리로 만들어졌단다. 하지만 눈에 보이는 풍경은 서로 달랐지? 유리창은 막힘이 없어서 아주머니와 흔들리는 나뭇잎을 볼 수 있었지. 하지만 거울은 어떠니? 뒷면에 칠한 수은이 한쪽을 막아 버려서 네 얼굴밖에 안 보였지? 그 부자는 한쪽이 막힌 거울과 같아서 자기 입장만 생각하는 사람이란다. **세상에는 유리창 같은 사람도 있지만 거울과 같은 사람도 있지. 넌 어떤 사람이 되고 싶으냐?**"

아이는 랍비의 물음을 가슴 속에 간직한 채 집으로 돌아갔습니다.

인물관계도 예시 답안

부자는 한 쪽이 막힌 거울처럼 자기 입장만 생각했기 때문입니다.

◎가이드 tip 질문의 의도

답변이 될 수 있는 4개의 문장은 본문의 주요내용을 파악하고 이를 자신의 생각으로 이끌어 내는 과정을 학습하기 위해 구성되었습니다.

> ① 핵심 문장 따라 쓰기 → ② 따라 쓴 문장이 가리키는 것 이해하기
> → ③ 주인공의 말을 떠올리며 생각 정리하기 → ④ 어떤 사람이 되고 싶은지를 상상하며 쓰기

를 통해 이야기의 핵심 문장을 찾아내고 이를 자신의 생각으로 연결하는 과정을 연습하도록 도와주세요.

읽기 전 생각해 볼 것들

본문을 읽기 전 제목, 삽화 등을 보면서 본문의 내용을 유추하게 해 주세요.

1. 유리창과 거울의 같은 점과 다른 점을 미리 이야기 나누어 볼까요.

2. 삽화 속 모자 쓴 남자와 아이는 어떤 관계일지 유추해 볼까요.

3. 삽화에 등장하는 아이는 무슨 이야기를 하고 있을지 상상해 볼까요.

✎참고하세요   본책 p.15 정답 예시

1 이야기와 만나는 문장 쓰기 이야기의 핵심이 되는 랍비의 말을 따라 쓰도록 합니다. (왼쪽 파란색 문장 따라 쓰기)

2 이해하는 문장 쓰기 부자는 랍비가 말한 유리창 같은 사람과 거울 같은 사람 중 어떤 사람일지 써 보면서 본문 내용을 이해했는지 확인합니다.

예시 랍비는 부자를 거울에 비유했습니다.

3 생각을 발견하는 문장 쓰기 랍비가 거울에 비유한 부자가 어떤 사람이었는지 생각해 본 후 답합니다.

예시 1 거울 같은 사람이란 자신밖에 모르고 자기에게만 돈을 쓰는 사람입니다.

예시 2 거울 같은 사람이란 한 쪽이 막혀 다른 쪽은 전혀 볼 줄 모르는 사람입니다.

4 상상하는 문장 쓰기 유리창과 거울과 중 어떤 사람이 되고 싶은지에 대한 랍비의 질문에 어떻게 답할지 상상해 봅니다.

예시 1 내가 제자라면 다른 사람의 마음을 헤아려 주고 세상에 두루 관심을 기울이는 유리창 같은 사람이 되겠습니다.

예시 2 내가 제자라면 유리창처럼 투명하게 안팎을 볼 수 있는 사람이 되겠다고 다짐하겠습니다.

모아쓰기 네 개의 문장을 이어서 하나의 문단을 완성합니다.

예시 1 "세상에는 유리창 같은 사람도 있지만 거울과 같은 사람도 있지."
랍비는 부자를 거울에 비유했습니다. 거울 같은 사람이란 자신밖에 모르고 자기에게만 돈을 쓰는 사람입니다. 내가 제자라면 다른 사람의 마음을 헤아려 주고 세상에 두루 관심을 기울이는 유리창 같은 사람이 되겠습니다.

예시 2 "세상에는 유리창 같은 사람도 있지만 거울과 같은 사람도 있지."
랍비는 부자를 거울에 비유했습니다. 거울 같은 사람이란 한 쪽이 막혀 다른 쪽은 전혀 볼 줄 모르는 사람입니다. 내가 제자라면 유리창처럼 투명하게 안팎을 볼 수 있는 사람이 되겠다고 다짐하겠습니다.

가이드의 읽을거리 ● 랍비는 부자를 거울에 비유합니다. 물론 돈이 많다고 해서 거울과 같은 사람이라고 말하면 선한 부자는 억울하겠지요? 돈이 많거나 적거나 자신밖에 모르는 사람은 거울과 같은 사람이라 생각할 수 있습니다.

하지만 아이가 유리창과 같은 사람이 아니라 거울과 같은 사람이 되고 싶다고 적었다면 왜 그렇게 생각하는지 물어봐 주세요. 예컨대 벽에 걸린 커다란 거울과 같은 사람이 되겠다고 쓰고 나 자신도 잘 보면서 내 주변도 살피는 사람이 되고 싶다고 생각할 수도 있으니까요. 정해진 틀에 아이의 생각을 맞추기보다 엉뚱한 상상이라도 스스로의 생각을 더 잘 표현할 수 있도록 격려해 주세요.

진짜 친구의 조건

어려울 때 돕는 친구가 진정한 친구라는 말을 들어본 적 있나요? 여기 등장하는 세 사람의 친구 중 누가 진짜 친구인지 함께 생각해 보아요.

마을을 다스리는 관리에게는 세 사람의 친구가 있었습니다.

첫 번째는 만나면 언제나 반갑고 즐거운 친구였어요. 그래서 관리가 가장 소중히 여기는 친구였지요. 두 번째는 반갑기는 하지만 첫 번째 친구만큼 소중하다고 여기지는 않는 친구였어요. 세 번째는 친구라고 말하기에도 어색한, 그다지 친하지 않은 친구였어요.

그러던 어느 날 왕이 관리에게 궁전으로 들어오라는 명령을 내렸습니다. 자기도 모르게 무슨 잘못을 한 것은 아닐까 덜컥 걱정이 된 관리는 헐레벌떡 첫 번째 친구를 찾아갔어요.

"여보게. 나와 함께 궁전에 가주지 않겠나?"

관리의 부탁을 들은 첫 번째 친구가 차가운 말투로 말했어요.

"무슨 일인지도 모르는데 내가 왜 궁전에 가야 한다는 말인가? 다시는 그런 부탁하지 말게."

말을 끝낸 첫 번째 친구는 뒤도 돌아보지 않고 문을 쾅 닫고 들어가 버렸어요. 크게 실망한 관리는 두 번째 친구를 찾았어요.

"안타까운 일이기는 하지만 나도 궁전에 들어가는 건 왠지 망설여진다네. 대신 궁전에 들어가는 문 앞까지는 같이 가 주겠네. 어떤가?"

두 번째 친구 역시 관리의 부탁을 거절했어요. 관리는 힘이 쭉 빠지고 말았어요.

"아닐세. 그만두게."

이제 관리에게는 그다지 친하지 않은 마지막 세 번째 친구만이 남았어요.

'분명히 거절하겠지. 그래도 부탁은 해보자. 혼자 가는 것보다는 나을 테니……'

관리는 기운이 모두 빠진 채로 터벅터벅 세 번째 친구의 집 앞에 이르렀어요. 관리가 온다는 연락을 받은 세 번째 친구는 이미 집 앞에서 관리를 기다리고 있었답니다.

"어서 오게나!"

관리는 집 안으로 안내하는 세 번째 친구를 따라 응접실 의자에 앉았어요. 미리 준비한 따뜻한 차를 따라주는 세 번째 친구를 향해 관리는 말했지요.

"내가 온 건 한 가지 부탁을 하기 위해서라네. 다름이 아니라 내일 궁전으로 들어오라는 왕의 명령을 받았네. 아무리 생각해 봐도 왕께서 나를 찾을 정도의 큰 잘못을 한 기억은 없는데 이게 도대체 무슨 일이란 말인가. 혼자 들어갈 생각을 하니 심장이 두근거리고 팔다리가 떨려서 도통 잠이 오질 않아. 괜찮다면 자네가 같이 가줄 수 있겠나?"

관리는 기대하지 않았지만 마지막 지푸라기라도 잡으려는 심정으로 힘겹게 말을 꺼냈어요. 하지만 예상과는 달리 관리의 말이 끝나기가 무섭게 세 번째 친구가 대답했어요.

"같이 가세. 가고말고. 난 자네가 남한테 잘못하는 걸 본 적이 없어. 자네 같은 강직한 사람이 나쁜 짓을 했다고 생각하지도 않는다네. 원한다면 기꺼이 함께 가주겠네. 또 혹시라도 왕께서 자네에게 벌을 내리려 하신다면, 내가 평소 자네의 충성스럽고 정직한 생활에 대해 말씀드려 오해를 풀어보겠네."

뜻밖의 말에 놀란 관리는 자리에서 벌떡 일어나 세 번째 친구의 어깨를 감싸 안았어요. 세 번째 친구야말로 자신의 진정한 친구였다는 걸 알게 되었거든요. 이제야 마음의 위로를 얻게 된 관리의 눈에는 닭똥 같은 눈물이 뚝뚝 흘렀습니다.

인물관계도 예시 답안

탈무드에서 이 세 친구는 각각 재산, 친척, 착한 일을 뜻합니다.

가이드 tip 질문의 의도

답변이 될 수 있는 4개의 문장은 주인공의 상황을 바꾸는 핵심 사건을 이해하고, 등장인물의 기분과 생각을 상상해 보는 과정을 학습하기 위해 구성되었습니다.

> ① 핵심 사건을 서술한 문장 따라 쓰기 → ② 따라 쓴 문장의 다음 상황 확인하기 → ③ 주인공은 어떤 기분일지 생각하기 → ④ 내가 관리의 친구라면 어떻게 말할지 상상하며 쓰기

를 하면서 이야기 전환의 중심이 되는 문장을 발견하고 이를 통해 주인공과 주변인물의 기분, 생각을 상상하도록 도와주세요.

읽기 전 생각해 볼 것들

본문을 읽기 전 제목, 삽화, 표시된 문장을 보면서 본문의 내용을 유추하게 해 주세요.

1. 진짜 친구는 어떤 친구일지 미리 이야기 나누어 볼까요.

2. 삽화 속 분홍색 옷을 입은 주인공은 어떤 성격의 사람일지 유추해 볼까요.

3. 본문 속 따라 쓰는 문장(굵은 글씨)은 어떤 상황에서 나온 말일지 상상해 볼까요.

참고하세요 본책 p.19 정답 예시

1 이야기와 만나는 문장 쓰기 | 이야기의 핵심 사건이 되는 문장을 쓰도록 합니다. (왼쪽 파란색 문장 따라 쓰기)

2 이해하는 문장 쓰기 | 관리의 첫 번째 친구는 어떻게 반응했는지를 문장으로 써 보면서 본문을 이해했는지 확인합니다.

예시 첫 번째 친구는 무슨 일인지 알지도 못한 채 같이 갈 수는 없다고 말했습니다.

3 생각을 발견하는 문장 쓰기 | 관리는 단박에 거절하는 첫 번째 친구의 말을 듣고 난 후 어떤 기분이었을지 생각해 봅니다.

예시1 관리는 매우 실망스러운 기분이 들었을 것입니다.
예시2 관리는 첫 번째 친구에게 원망하는 마음이 들었을 것입니다.

4 상상하는 문장 쓰기 | 관리에게 어떤 친구가 되어 주고 싶은지 상상해 봅니다.

예시1 나라면 두 번째 친구처럼 궁전 문 앞까지 만이라도 함께 가 주겠다고 말하겠습니다.
예시2 나라면 세 번째 친구처럼 궁전 안까지 같이 가 주겠다고 말하겠습니다.

모아쓰기 네 개의 문장을 이어서 하나의 문단을 완성합니다.

예시1 그러던 어느 날 왕이 관리에게 궁궐로 들어오라는 명령을 내렸습니다. 첫 번째 친구는 무슨 일인지 알지도 못한 채 같이 갈 수는 없다고 말했습니다. 관리는 매우 실망스러운 기분이 들었을 것입니다. 나라면 두 번째 친구처럼 궁전 문 앞까지 만이라도 함께 가 주겠다고 말하겠습니다.

예시2 그러던 어느 날 왕이 관리에게 궁궐로 들어오라는 명령을 내렸습니다. 첫 번째 친구는 무슨 일인지 알지도 못한 채 같이 갈 수는 없다고 말했습니다. 관리는 첫 번째 친구에게 원망하는 마음이 들었을 것입니다. 나라면 세 번째 친구처럼 궁전 안까지 같이 가 주겠다고 말하겠습니다.

가이드의 읽을거리 ● 사실 탈무드에서 이 세 명의 친구는 각각 재산, 친척, 착한 일을 뜻합니다. 첫 번째 친구는 '재산'을 의미합니다. 재산은 살아있는 동안 모으기 위해 열심히 일하고 가장 소중하게 여기지만 정작 죽은 다음에는 아무 소용이 없지요. 두 번째 친구는 '친척'입니다. 친척은 우리가 죽으면 장례식까지는 따라가 주지만 그 후에는 우리를 잊고 살아가니까요. 세 번째 친구는 '착한 일'입니다. 착한 일은 살아가면서 별로 관심을 두지는 않지만 죽은 후에는 살아 있는 동안 했던 그 일들이 오래오래 기억되고 자신의 이름을 빛나게 해 주니 말입니다.

이 이야기가 전하는 '진짜 교훈'은 우리가 사라진 후에도 착한 일은 오래도록 남는다는 것입니다. 인물관계도를 보면서 아이와 우리 삶에서 무엇이 가장 중요하고 오래 남을지에 대해 이야기해 보면 어떨까요?

부모님, 선생님도 함께 읽고 아이들과 나누고 싶은 이야기를 생각해 보세요.

뛰는 놈 위에 나는 놈 있다

한 시골 마을에 꾀 많은 꾀보 장사꾼이 살고 있었어요. 물건을 사서 마을을 돌며 되팔던 장사꾼에게 어느 날 기막힌 생각이 떠올랐어요.

'물건을 싸게, 많이 사다가 팔면 지금보다 훨씬 더 많은 이익을 남길 수 있을 거야! 이럴 것이 아니라 당장 큰 도시로 가서 물건을 사와야겠어.'

꾀보 장사꾼은 가진 돈을 모두 들고 도시로 향했어요. 얼마 후 장사꾼은 눈이 휘둥그레질 만큼 번잡한 도시에 도착했어요. 하지만 시장이 열리려면 3일이나 더 기다려야만 했어요.

'돌아다니다가 시장이 열리기도 전에 돈을 잃어버리면 어쩌지?'

금화가 든 돈주머니를 잃어버릴까봐 걱정이 된 장사꾼은 궁리 끝에 한 가지 방법을 떠올렸어요. 그건 바로 돈주머니를 근처 숲속에 파묻어 두는 것이었지요.

'난 역시 머리가 좋아.'

돈주머니를 땅에 묻은 다음날 장사꾼은 다시 숲속을 찾았어요. 돈주머니가 잘 있는지 확인해 보기 위해서였어요. 그런데 이게 웬일일까요? 아무리 파고 또 파도, 금화가 든 돈주머니는커녕 작은 구리 동전 하나 나오지 않는 게 아니겠어요?

황급히 주위를 둘러보던 장사꾼에게 멀리 갈색 지붕 집 한 채가 눈에 들어왔어요. 장사꾼은 가까이 다가가 갈색 지붕 집을 유심히 살펴보았어요. 아니나 다를까 벽에 나 있는 새끼 손톱만한 작은 구멍을 발견했지요. 분명 집주인이 장사꾼의 모습을 본 게 틀림없었어요.

꾀보 장사꾼은 갈색 지붕 집 대문을 두드렸어요.

"누구시오?"

미심쩍은 듯 대문을 빼꼼 연 주인은 동네에서도 유명한 욕심쟁이 할아버지였어요. 장사꾼은 순진한 미소를 머금고 할아버지께 말했어요.

"저는 시골에서 온 장사꾼입니다. 걱정거리가 생겨 묵고 있던 여관집 주인에게 물어보니 갈색 지붕 집 할아버지를 찾아가라고 말씀하시더군요. 그래서 이렇게 부랴부랴 찾아왔어요."

할아버지는 그제야 밖으로 나와 장사꾼의 말에 귀를 기울이기 시작했습니다.

"그래, 고민이 뭔가?"

"네. 제가 물건을 사러 도시로 오면서 각각 금화 백 냥과 이백 냥이 든 돈주머니 두 개를 가지고 왔는데요. 시장이 열리기 전이라 그동안 잃어버릴까 걱정이 되어 금화 백 냥이 든 돈주머니를 땅에 꼭꼭 묻었습니다. 그러자 남아있는 이백 냥 짜리 돈주머니는 어떻게 해야 할지 고민이 되어서요. **금화 이백 냥이 든 돈주머니도 같이 묻는 게 좋을지, 여관에 두는 게 좋을지 알려 주시겠어요?**"

장사꾼의 말을 들은 욕심쟁이 할아버지는 빙그레 웃으며 대답했어요.

"그거야 당연히 같은 곳에 나란히 묻어야지."

"그렇죠? 이럴 것이 아니라 얼른 가지고 와서 묻어야겠습니다."

꾀보 장사꾼은 할아버지께 고개 숙여 인사를 하고는 서둘러 여관으로 향하는 척 뛰어갔어요. 이때다 싶었던 욕심쟁이 할아버지는 재빨리 금화 백 냥이 든 돈주머니를 원래 자리에 파묻고 돌아왔어요. 금화 이백 냥이 든 돈주머니까지 차지할 생각에 잔뜩 기분이 들뜬 채로 말이지요. 하지만 몰래 숨어서 이를 지켜보던 장사꾼은 부리나케 달려가 잃어버렸던 돈주머니를 챙겨들고 도시를 떠났답니다.

장사꾼은 욕심쟁이 할아버지에게 돈주머니가 더 있다고 말했습니다.

10

◎ 가이드 tip 질문의 의도

답변이 될 수 있는 4개의 문장은 주인공이 돈주머니를 되찾기 위해 한 말이 무엇인지 알아보고 만약 내가 주인공이었다면 어떤 행동을 했을지 생각해 보는 과정을 학습하기 위해 구성되었습니다.

> ① 주인공의 주요대사 따라 쓰기 → ② 주인공의 질문에 대한 상대방의 답변 써 보기 → ③ 상대방의 진심 파악하기 → ④ 내가 주인공이었다면 어떻게 행동했을지 상상하며 쓰기

를 통해 상황을 모면한 주인공의 꾀는 무엇이었는지 또 다른 해결법은 없는지 생각해 보도록 도와주세요.

읽기 전 생각해 볼 것들

본문을 읽기 전 제목, 삽화, 어려운 말 풀이를 보면서 본문의 내용을 유추하게 해 주세요.

1. 제목 '뛰는 놈 위에 나는 놈 있다'는 어떤 의미일지 미리 이야기 나누어 볼까요.

2. 삽화에 등장하는 할아버지는 무엇을 하고 계신지 유추해 볼까요.

3. 단어 뜻풀이에 나오는 '꾀보'와 '궁리'의 차이는 무엇일지 생각해 볼까요.

✎ 참고하세요 본책 p.23 정답 예시

1 이야기와 만나는 문장 쓰기 주인공이 돈주머니를 되찾기 위해 한 말을 따라 쓰도록 합니다. (왼쪽 파란색 문장 따라 쓰기)

2 이해하는 문장 쓰기 장사꾼의 질문에 할아버지는 어떻게 대답했는지 확인해 봅니다.

예시 욕심 많은 할아버지는 돈주머니를 같은 곳에 나란히 묻어야 한다고 말했습니다.

3 생각을 발견하는 문장 쓰기 할아버지가 그렇게 말한 이유가 무엇인지 할아버지의 속셈을 생각해 봅니다.

예시 1 할아버지는 금화 이백 냥이 든 돈주머니까지 차지하고 싶었기 때문입니다.

예시 2 할아버지는 돈주머니 두 개를 모두 자기가 갖고 싶었기 때문입니다.

4 상상하는 문장 쓰기 내가 만약 장사꾼이었다면 금화가 든 돈주머니를 어떻게 보관할지 상상해 봅니다.

예시 1 내가 장사꾼이라면 처음부터 돈주머니를 은행에 맡겨두었을 것입니다.

예시 2 내가 장사꾼이라면 할아버지가 돈주머니를 묻을 때 나타나 혼을 내주고 돈주머니도 되찾을 것입니다.

모아쓰기 네 개의 문장을 이어서 하나의 문단을 완성합니다.

예시 1 "금화 이백 냥이 든 돈주머니도 같이 묻는 게 좋을지, 여관에 두는 게 좋을지 알려 주시겠어요?" 욕심 많은 할아버지는 돈주머니를 같은 곳에 나란히 묻어야 한다고 말했습니다. 할아버지는 금화 이백 냥이 든 돈주머니까지 차지하고 싶었기 때문입니다. 내가 장사꾼이라면 처음부터 돈주머니를 은행에 맡겨두었을 것입니다.

예시 2 "금화 이백 냥이 든 돈주머니도 같이 묻는 게 좋을지, 여관에 두는 게 좋을지 알려 주시겠어요?" 욕심 많은 할아버지는 돈주머니를 같은 곳에 나란히 묻어야 한다고 말했습니다. 할아버지는 돈주머니 두 개를 모두 자기가 갖고 싶었기 때문입니다. 내가 장사꾼이라면 할아버지가 돈주머니를 묻을 때 나타나 혼을 내주고 돈주머니도 되찾을 것입니다.

가이드의 읽을거리 ●〈뛰는 놈 위에 나는 놈 있다〉는 꾀 많은 장사꾼이 욕심쟁이 할아버지를 만나 금화가 든 돈주머니를 잃어버릴 뻔한 이야기입니다. 장사꾼은 욕심쟁이 할아버지가 자신의 돈주머니를 가져갔다는 사실을 알아차렸지만 섣불리 돈주머니를 내놓으라고 하지 않습니다. 오히려 할아버지가 스스로 돈주머니를 가지고 오도록 꾀를 내지요.
아이에게 돈주머니를 찾을 또 다른 방법은 없을지 물어봐 주세요. 다른 방향으로 바라볼 수 있는 시각을 먼저 제시해 주고 조금은 엉뚱하고 독특한 생각을 내더라도 크게 칭찬하고 격려해 주세요.

아는 것이 많기로 유명한 랍비가 있었어요. 누구든 궁금한 점이 생기면 가장 먼저 이 랍비에게 찾아가 물어볼 정도로 말이에요.

어느 날 랍비는 아끼는 제자 한 사람을 저녁 식사에 초대했는데요. 장에서 갓 사온 신선한 야채와 고기로 만든 스튜, 오븐에 구운 닭 그리고 유대인식 감자전 라크스까지 랍비는 온갖 정성을 다해 음식을 준비했어요. 음식을 모두 차리자 때마침 초인종이 울렸어요.

"선생님, 안녕하세요. 초대해 주셔서 고맙습니다."

문 앞에는 랍비가 초대한 제자가 서 있었어요.

"어서 들어오너라."

랍비는 반갑게 제자를 맞으며 식탁으로 안내했어요.

"이 음식을 모두 선생님께서 만드셨어요?"

제자는 식탁 위 먹음직스럽게 차려진 음식들을 보고 놀라움을 감추지 못했어요. 랍비는 자랑스러운 미소를 머금고 제자에게 말했어요.

"멋진 저녁 식사를 위해 이 정도 수고는 아무것도 아니지. 자, 이제 식사 전 기도문은 네가 말해 보렴. 지난 시간에 가르쳐 준 기도문은 모두 외웠겠지?"

"저……, 그게……."

뜻밖의 말에 당황한 제자는 말문이 턱 막히고 말았어요. 랍비가 말한 기도문이 전혀 기억나지 않았거든요!

"좋아. 그럼 다른 기도문을 말해 보아라."

기분이 상한 랍비의 말에 더욱 긴장한 제자는 완전히 꿀 먹은 벙어리가 되고 말았어요. 기다리다 못한 랍비는 끝내 소리를 질렀어요.

"넌 도대체 그동안 뭘 배운 거냐? 기도문 하나 제대로 외우는 게 없다니 말이야!"

랍비의 꾸지람을 들은 제자는 고개를 푹 숙인 채 진땀만 흘릴 뿐이었어요. 아무 말 없는 두 사람 사이에는 차가운 공기만이 자리를 채웠어요. 맛있는 냄새를 풍기던 음식들도 모두 차갑게 식어버렸지요.

"이제 먹자."

랍비가 대신 기도문을 외우고 함께 저녁 식사를 시

작했지만 두 사람은 무슨 맛인지도 모른 채 서둘러 식사를 마쳤어요.

"잘 먹었습니다. 선생님, 안녕히 계세요."

식사를 끝낸 제자는 다급히 인사를 하고 돌아갔어요. 기대했던 저녁 식사 자리를 망친 후 랍비 역시 화가 풀리지 않은 채 새로운 한 주를 맞이했지요. 하루는 평소처럼 수업을 마친 랍비가 다른 제자에게서 뜻밖의 이야기를 듣게 되었어요.

"선생님, 그 친구가 아는 것은 많지 않지만 주변에서는 칭찬이 자자합니다. 마음 씀씀이가 넓어서 늘 힘들고 어려운 사람에게 먼저 다가가 도움을 주거든요. 자기가 힘들게 번 돈을 가난한 친구들을 돕는 데 아낌없이 쓰고요. 말만 앞세우는 우리와 달리 행동으로 실천하는 친구여서 동갑내기인데도 배우는 게 많습니다."

그 말을 듣고 랍비의 얼굴은 홍당무처럼 빨갛게 변하고 말았어요.

'아이고. 내가 큰 실수를 하고 말았구나. 어렵고 긴 기도문을 줄줄 외운다 한들 행동하지 않으면 아무 소용이 없는 법인데 그걸 탓하기만 했으니…….'

랍비는 지식의 많고 적음에 따라 상대를 평가한 자신의 태도를 크게 뉘우쳤어요. 그리고 앞으로는 자신도 아는 만큼 꼭 행동하리라고 다짐했답니다.

말만 하는 자신보다 행동하는 제자가 더 낫다고 생각했기 때문입니다.

답변이 될 수 있는 4개의 문장은 주인공이 깨달은 바가 무엇인지 확인하고 그렇게 생각한 이유가 무엇인지를 헤아려 보는 과정을 학습하기 위해 구성되었습니다.

① 핵심 문장 따라 쓰기 → ② 제자에게 배울점이 무엇인지 찾아 쓰기 → ③ 주인공이 깨달은 것이 무엇인지 쓰기 → ④ 주인공의 깨달음에 대한 나의 생각 쓰기

를 통해 주인공이 깨달음을 얻게 된 상황을 이해하고 그 이유에 대해 생각할 수 있도록 도와주세요.

읽기 전 생각해 볼 것들

본문을 읽기 전 제목, 삽화, 어려운 말 풀이를 보면서 본문의 내용을 유추하게 해 주세요.

1. 제목 '행동으로 말하기'는 어떤 의미일지 미리 이야기 나누어 볼까요.

2. 삽화에 등장하는 랍비와 제자는 어떤 대화를 하고 있는지 유추해 볼까요.

3. 단어 뜻풀이에 나오는 '스튜'와 '라크스'는 어떤 음식일지 상상해 볼까요.

✏️ 참고하세요 본책 p.27 정답 예시

1 이야기와 만나는 문장 쓰기 주인공에게 깨달음을 준 말을 따라 쓰도록 합니다. (왼쪽 파란색 문장 따라 쓰기)

2 이해하는 문장 쓰기 제자의 친구가 제자에게 배울점이 무엇인지 본문에서 찾아 써 보도록 합니다.

예시 제자의 친구는 제자가 말만 앞세우는 자신들과 달리 마음 씀씀이가 좋고 가난한 친구를 잘 돕는다고 말했습니다.

3 생각을 발견하는 문장 쓰기 제자의 친구가 한 말을 통해 주인공 랍비가 깨달은 바가 무엇인지를 생각해 봅니다.

예시 1 랍비는 지식이 많거나 적은 것이 중요한 것은 아니라는 걸 깨달았습니다.
예시 2 랍비는 말만 앞세우고 행동하지는 못했던 자신의 잘못을 깨달았습니다.

4 상상하는 문장 쓰기 주인공의 깨달음처럼 행동이 말보다 중요한 이유는 무엇일지 상상해 봅니다.

예시 1 행동은 말로만 할 때보다 훨씬 더 강력한 힘을 보여주기 때문입니다.
예시 2 행동은 말과는 달리 조금이라도 세상을 더 좋게 변화시키기 때문입니다.

모아쓰기 네 개의 문장을 이어서 하나의 문단을 완성합니다.

예시 1 "그 친구가 아는 것은 많지 않지만 주변에서는 칭찬이 자자합니다."
제자의 친구는 제자가 말만 앞세우는 자신들과 달리 마음 씀씀이가 좋고 가난한 친구를 잘 돕는다고 말했습니다. 랍비는 지식이 많거나 적은 것이 중요한 것은 아니라는 걸 깨달았습니다. 행동은 말로만 할 때보다 훨씬 더 강력한 힘을 보여주기 때문입니다.

예시 2 "사실 그 친구가 아는 것은 많지 않지만 주변에서는 칭찬이 자자합니다."
제자의 친구는 제자가 말만 앞세우는 자신들과 달리 마음 씀씀이가 좋고 가난한 친구를 잘 돕는다고 말했습니다. 랍비는 말만 앞세우고 행동하지는 못했던 자신의 잘못을 깨달았습니다. 행동은 말과는 달리 조금이라도 세상을 더 좋게 변화시키기 때문입니다.

가이드의 읽을거리 ● 랍비와 제자는 지식의 많고 적음으로 따졌을 때 정반대의 인물이라 할 수 있습니다. 랍비는 학식이 높기로 유명했지만 제자는 기도문조차 외우지 못할 정도로 아는 것이 많지 않았습니다.
랍비는 저녁 식사에 초대한 제자가 기도문을 외우지 못하자 크게 화를 냈습니다. 하지만 알고 보니 제자는 비록 아는 것은 별로 없다 해도 남들에게는 없는 마음 씀씀이와 실천력을 가지고 있었지요. 랍비의 깨달음은 말보다 행동이 중요하다는 것이었지만, 자신과 다른 사람을 통해 스스로를 되돌아본 랍비의 태도 역시 배울 점이 많습니다. 말보다 행동이 중요한 이유 그리고 랍비와 제자의 태도에서 각각 배울 점은 무엇인지까지 생각해 보도록 이끌어 주세요.

부모님, 선생님도 함께 읽고 아이들과 나누고 싶은 이야기를 생각해 보세요.

형제가 잠을 설친 이유

옛날 한 마을에 우애가 좋기로는 1등으로 손꼽히는 형제가 살았어요. 형은 여러 해 전 결혼해서 아내와 아이가 있었고 동생은 아직 결혼을 하지 않은 총각이었어요. 의좋은 형제는 부모님이 물려주신 땅에서 함께 밀 농사를 지으며 서로를 돕고 지냈어요. 누구보다 부지런히 움직인 덕에 마을에서 농사를 가장 잘 짓기로도 유명했지요.

초록빛이던 형제의 밀밭에 황금빛 물결이 일어났어요. 어느덧 수확의 시기가 성큼 다가온 거죠. 부지런한 형제는 올해도 마을에서 가장 먼저 추수를 시작했어요. 밀을 모두 거둬들인 형제는 추수한 밀을 반으로 나누어 각각 자신들의 집 창고에 쌓아 놓았답니다.

그날 밤이었어요. 쉽게 잠자리에 들지 못했던 형은 문득 '아차'하고 무릎을 쳤어요.

'밀을 똑같이 나누다니 내가 큰 실수를 하고 말았구나. 아우는 이제 곧 결혼을 해야 하는데 형으로서 그걸 헤아려 주지 못했어.'

형은 잠자리를 빠져나와 곧장 창고로 향했어요. 그러고는 쌓여있던 밀을 커다란 주머니에 담아 동생의 창고로 옮겨놓았지요.

'이 정도면 됐겠지?'

서너 번 밀 주머니 옮기기를 반복한 형은 그제야 편안히 눈을 붙일 수 있었어요.

동생 역시 잠들기 어려운 건 마찬가지였어요.

'밀을 똑같이 나누다니 내 생각이 모자랐다. 형님께는 형수님과 어린 조카가 있는데 혼자 사는 내가 형님과 똑같은 양을 가져오다니. 이러고 있을 때가 아니야.'

동생은 벌떡 일어나 자신의 창고로 들어갔어요. 그리고 커다란 주머니에 밀을 담아 형의 창고에 가져다 놓았지요.

'이제 됐다. 이만하면 형님 살림에 좀 보탬이 되겠지.'

서너 번 밀 주머니 옮기기를 반복한 동생은 그제야 두 발을 뻗고 잠에 빠져들었어요.

아침이 되어 각자 자신의 창고로 간 형과 동생은 깜짝 놀라고 말았어요. 각자의 창고에 쌓인 밀이 전날에 비해 하나도 줄지 않았으니까요. 이유를 모르는 두 사람은 고개를 갸우뚱하며 밤이 되기를 기다렸어요.

다음 날, 또 그 다음 날도 똑같이 밀을 옮겼지만 밀은 매번 줄지 않고 그대로였지요. 마침내 나흘째 되는 날, 보름달이 훤히 뜬 이날 밤에도 형은 여지없이 밀을 옮기고 있었어요. 그러다 동생의 집 창고로 향하는 길목에서, 저 멀리 사람의 형체가 다가오는 것을 보았어요. 웬일인지 그 사람도 어깨에 커다란 주머니를 둘러메고 있지 않겠어요?

'이 밤중에 뭐하는 거지?'

궁금해하던 그때, 달빛에 서서히 몸을 드러낸 사람은 다름 아닌 동생이었어요!

"아우야!"

"형님!"

서로를 알아본 두 사람은 더욱 가까이 다가갔어요. 그러고는 서로의 어깨에 둘러멘 커다란 주머니를 쳐다보며 말했어요.

"이제 알겠다. 내 창고에 밀이 왜 하나도 줄어들지 않았는지 말이야."

"저도 이제 알겠어요. 제 창고에 밀이 하나도 줄지 않은 까닭을 말이죠."

손을 맞잡으며 한바탕 크게 웃은 두 사람, 형제는 꼭 잡은 두 손을 한동안 놓지 못했답니다.

인물관계도 예시 답안

형은 동생을 위해 동생은 형을 위해 밀을 가져다주었기 때문입니다.

🔵 가이드 tip 질문의 의도

답변이 될 수 있는 4개의 문장은 본문에 등장하는 형제 두 사람이 밤잠을 설친 이유를 찾아보고 내게도 사랑하는 사람이 있다면 어떤 기분이 들지 상상해 보는 과정으로 구성되었습니다.

> ① 핵심 문장 따라 쓰기 → ② 주인공이 어떤 행동을 했는지 찾아 쓰기
> → ③ 주인공 행동의 이유가 무엇인지 생각해서 쓰기 → ④ 누군가 내
> 게 소중한 것을 양보한다면 어떤 기분이 들지 상상하며 쓰기

를 통해 사랑하는 사람과의 관계에서 얻을 수 있는 감정을 느껴보도록 지도해 주세요.

읽기 전 생각해 볼 것들

본문을 읽기 전 제목, 삽화, 표시된 문장을 보면서 본문의 내용을 유추하게 해 주세요.

1. 제목을 보고 본문이 어떤 내용일지 미리 이야기 나누어 볼까요.

2. 파란 옷의 사나이는 지금 무슨 일을 하는 것인지 유추해 볼까요.

3. 본문 속 따라 쓰는 문장(굵은 글씨)을 보고 주인공이 처한 상황을 상상해 볼까요.

✏️ 참고하세요 본책 p.31 정답 예시

1 [이야기와 만나는 문장쓰기] 주인공이 밤잠을 설치며 했던 생각을 따라 쓰도록 합니다. (왼쪽 파란색 문장 따라 쓰기)

2 [이해하는 문장 쓰기] 주인공이 사랑하는 동생을 위해 한 행동은 무엇인지 본문에서 찾아 써 보도록 합니다.
[예시] 형은 자신의 창고로 가서 밀을 큰 주머니에 넣어 동생의 창고로 옮겨 놓았습니다.

3 [생각을 발견하는 문장 쓰기] 주인공인 형이 그렇게 행동한 까닭은 무엇인지 생각해 봅니다.
[예시 1] 동생은 결혼을 해야 하는데 사정을 헤아려 주지 못했기 때문입니다.
[예시 2] 동생은 결혼을 해야 하므로 더 많은 돈이 필요할 것이라고 생각했기 때문입니다.

4 [상상하는 문장 쓰기] 내게도 이런 형이 있다면, 그리고 그 사람이 날 위해 소중한 것을 몰래 전해 준다면 어떤 기분일지 상상해 봅니다.
[예시 1] 내가 동생이라면 나 역시 무엇을 주어도 아깝지 않다고 여길 것입니다.
[예시 2] 내가 동생이라면 형과 기분 나쁜 일이 생기더라도 금세 이겨낼 수 있을 것입니다.

[모아쓰기] 네 개의 문장을 이어서 하나의 문단을 완성합니다.

[예시 1] '밀을 똑같이 나누다니 내가 큰 실수를 하고 말았구나.'
형은 자신의 창고로 가서 밀을 큰 주머니에 넣어 동생의 창고로 옮겨 놓았습니다. 동생은 결혼을 해야 하는데 사정을 헤아려 주지 못했기 때문입니다. 내가 동생이라면 나 역시 무엇을 주어도 아깝지 않다고 여길 것입니다.

[예시 2] '밀을 똑같이 나누다니 내가 큰 실수를 하고 말았구나.'
형은 자신의 창고로 가서 밀을 큰 주머니에 넣어 동생의 창고로 옮겨 놓았습니다. 동생은 결혼을 해야 하므로 더 많은 돈이 필요할 것이라고 생각했기 때문입니다. 내가 동생이라면 형과 기분 나쁜 일이 생기더라도 금세 이겨낼 수 있을 것입니다.

가이드의 읽을거리 ● 이야기에 등장하는 형제는 서로를 위하는 감정이 애틋합니다. 사랑하는 사람을 위해 기꺼이 자신의 것을 양보할 줄 알지요. 형제의 우애는 상대가 잠든 사이 밀주머니를 옮기는 행동으로 나타납니다. 이처럼 진정한 사랑은 상대가 모르는 사이 상대를 위해 행동하는 것에 있는지도 모릅니다.
형제의 이야기를 통해 아이가 사랑하는 사람은 누구인지, 또 그 사람을 위해 무엇을 양보할 수 있는지 상상해 보도록 이끌어 주세요. 그리고 누군가 자신을 위해 보이지 않는 노력을 기울인다는 사실을 알았을 때, 어떤 기분이 들지도 이야기 나누어 보세요. 이야기를 통해 다시 한 번 스스로를 소중한 사람으로 느끼도록 말이에요.

굴뚝 청소를 하고 나오면

재미있는 이야기를 들려주는 것으로 인기가 많은 랍비가 있었어요. 랍비가 이야기를 하면 아이들은 모두 토끼처럼 눈을 크게 뜨고 귀를 쫑긋 세우고는 했답니다.

따스한 햇살이 내리쬐고 꽃들이 화창하게 핀 어느 봄날이었어요. 살랑살랑 불어오는 봄바람이 코끝을 간지럽혔지요. 수업을 듣는 아이들의 마음도 구름처럼 둥둥 떠다녔어요. 아이들의 붕 뜬 마음을 알아차린 랍비가 말했어요.

"이렇게 화창한 날이면 생각나는 이야기가 있지. 한 번 들어 보겠니?"

"네!"

신이 난 아이들은 랍비의 말이 끝나기가 무섭게 큰 소리로 대답했어요. 랍비는 '흠흠' 목소리를 가다듬고 이야기를 시작했지요.

"오늘처럼 산들바람이 솔솔 불어오는 날이었어. 어느 마을에 어머니와 형제가 살았는데, 어머니가 형제에게 말했단다. '오늘은 날이 맑으니 너희 둘이 함께 굴뚝 청소를 하면 좋겠구나'라고 말이야."

"선생님! 장마가 지났으니 굴뚝에는 그을음이 잔뜩 끼어 있었을 텐데요?"

맨 앞에서 눈빛을 반짝이던 아이 하나가 랍비에게 물었어요. 랍비는 아이의 머리를 쓰다듬으며 말했어요.

"그렇지. 형제의 어머니는 장마가 시작되기 전에 시키려고 했지만 때를 놓쳤던 거야. 그래서 장마가 끝나자마자 형제에게 굴뚝 청소부터 시킨 거란다."

랍비와 아이들이 살던 시절에는 집집마다 굴뚝이 있어서 때가 되면 굴뚝 청소를 해야 했어요. 굴뚝에 생기는 그을음을 제때 청소해 주지 않으면, 벽난로가 제대로 작동하지 못하는 데다 불이 날 위험도 있기 때문이었지요.

"그래서 형제는 어떻게 했나요?"

아이들이 물었어요.

"형제는 어머니의 말대로 굴뚝 청소를 열심히 했단다. 그런데 청소가 모두 끝난 후 형제는 전혀 다른

모습이었어. 형은 얼굴에 그을음이 잔뜩 묻어 새까맣게 변했는데, 동생은 깨끗한 얼굴이었지 뭐냐. 자, 그럼 이제 내가 질문하마. 두 사람 중 누가 얼굴을 씻었을까?"

"저요!"

한 아이가 손을 번쩍 들며 소리쳤어요. 랍비가 손짓하자 자리에서 일어난 아이는 자신 있게 대답했어요.

"얼굴이 새까만 형이요!"

아이들이 고개를 끄덕였지만 랍비는 고개를 저으며 말했어요.

"아니다. 그을음이 묻은 형은 얼굴이 깨끗한 동생을 보고 어떻게 생각했을까? 자신의 얼굴도 깨끗하다고 생각했겠지? 반대로 동생은 어떻게 생각했겠니?"

"동생이 얼굴을 씻었어요. 형처럼 얼굴이 새까매졌다고 생각했을 테니까요!"

또 다른 아이 하나가 일어나 의기양양하게 말했어요. 랍비는 이번에도 고개를 가로저었어요. 아이들은 영문을 몰라 고개를 갸우뚱했지요.

"정말 그럴까? 형제가 똑같이 굴뚝 청소를 했다면 누구는 얼굴이 새까맣고 누구는 얼굴이 깨끗할 수 있겠니? 둘 다 새까매졌을 거야. 그렇지 않니?"

"아하! 그럼 둘 다 씻었겠네요?"

한 아이가 소리치자 랍비는 그제야 고개를 끄덕이며 말했어요.

"어떠냐? 같은 질문이지만 대답은 달라졌지? 어떤 기준으로 바라보느냐, 어떤 상황이냐에 따라 대답은 얼마든지 달라질 수 있단다. 중요한 건 정답이 아니라 질문인 셈이지."

인물관계도 예시 답안

랍비는 두 사람 모두 얼굴을 씻었다는 아이의 대답에 고개를 끄덕였습니다.

답변이 될 수 있는 4개의 문장은 이야기가 전개되는 시점을 파악하면서 동시에 또 다른 결론은 없을지 생각해 보기 위해 구성되었습니다.

> ① 이야기 전개를 위한 핵심 문장 따라 쓰기 → ② 주인공의 행동 이해하기 → ③ 결론이 무엇인지 확인하기 → ④ 다른 결론에 대해 상상하기

를 통해 이야기의 흐름을 파악하고 또 다른 생각을 이끌어 내는 과정을 연습하도록 도와주세요

읽기 전 생각해 볼 것들

본문을 읽기 전 제목, 삽화, 표시된 문장을 보면서 본문의 내용을 유추하게 해 주세요.

1. 제목을 보고 본문이 어떤 내용일지 미리 이야기 나누어 볼까요.
2. 삽화에 등장하는 세 사람은 어떤 사이인지 유추해 볼까요.
3. 본문 속 따라 쓰는 문장(굵은 글씨)이 어떤 상황에서 나온 말일지 상상해 볼까요.

✎ 참고하세요 본책 p.37 정답 예시

1 이야기와 만나는 문장 쓰기 이야기 전개의 핵심이 되는 어머니의 말을 따라 써봅니다. (왼쪽 파란색 문장 따라 쓰기)

2 이해하는 문장 쓰기 어머니가 형제에게 굴뚝 청소를 시킨 이유를 찾아 써 보면서 본문 내용의 전개를 이해합니다.

예시 어머니는 그을음이 많으면 벽난로가 제대로 작동하지 못하고 불이 날 위험도 있어 형제에게 굴뚝 청소를 시켰습니다.

3 생각을 발견하는 문장 쓰기 랍비가 마지막으로 형제의 얼굴이 같아야 한다고 말한 이유를 이해했는지 확인합니다.

예시 1 랍비는 굴뚝 청소를 했다면 한 사람만 얼굴이 새까만 것은 있을 수 없는 일이라고 말했습니다.

예시 2 랍비는 굴뚝 청소를 했다면 형제의 얼굴이 둘 다 새까매져야 한다고 말했습니다.

4 상상하는 문장 쓰기 굴뚝 청소 이야기에서 형제의 얼굴이 다를 수 있는 경우는 없을지 상상해 봅니다.

예시 1 내 생각에는 굴뚝 청소를 하지 않은 동생이 거짓말을 했다고 생각합니다.

예시 2 내 생각에는 동생이 굴뚝 청소를 하는 형을 굴뚝 밖에서 도와줬다고 생각합니다.

모아쓰기 네 개의 문장을 이어서 하나의 문단을 완성합니다. 다른 생각을 전개하기 위해 접속사로 흐름을 전환한 후 문장을 써 보도록 도와주세요.

예시 1 '오늘은 날이 맑으니 너희 둘이 함께 굴뚝 청소를 하면 좋겠구나.' 어머니는 그을음이 많으면 벽난로가 제대로 작동하지 못하고 불이 날 위험도 있어 형제에게 굴뚝 청소를 시켰습니다. 랍비는 굴뚝 청소를 했다면 한 사람만 얼굴이 새까만 것은 있을 수 없는 일이라고 말했습니다. (하지만) 내 생각에는 굴뚝 청소를 하지 않은 동생이 거짓말을 했다고 생각합니다.

예시 2 '오늘은 날이 맑으니 너희 둘이 함께 굴뚝 청소를 하면 좋겠구나.' 어머니는 그을음이 많으면 벽난로가 제대로 작동하지 못하고 불이 날 위험도 있어 형제에게 굴뚝 청소를 시켰습니다. 랍비는 굴뚝 청소를 했다면 형제의 얼굴이 둘 다 새까매져야 한다고 말했습니다. (하지만) 내 생각에는 동생이 굴뚝 청소를 하는 형을 굴뚝 밖에서 도와줬다고 생각합니다.

가이드의 읽을거리 ● 본문은 랍비가 굴뚝 청소를 한 형제의 이야기를 들려주는 형식으로 구성이 되어 있습니다. 이처럼 한 개의 이야기 속에 또 하나의 이야기가 들어간 글의 형식을 '액자식 구성'이라 부릅니다. 랍비는 하나의 이야기에서 같은 질문을 세 번 던지는데요. 세 번 모두 다른 답을 말합니다. 여기서 이 이야기가 액자식 구성을 취할 수밖에 없는 이유가 나옵니다. 랍비의 이야기를 통해 두 번째 이야기를 듣지 않는다면, 서로 다른 답변이 나올 여지가 없을 테니까요.
본문이 전하려는 주제와 이를 드러내는 구성이 어떤 연결성을 갖는지 아이들과 이야기 나누어 보세요. 영화나 드라마, 책에서는 액자식 구성이 어떻게 활용되었는지 함께 떠올려 보면 좋겠습니다.

단 하나의 유산

어느 마을에 어마어마한 재산을 가진 부자가 살았어요. 평소 돈보다 지식을 쌓는 일이 더 중요하다 생각했던 부자는 아들을 멀리 떨어진 이름난 학교에 보냈어요. 아들은 아버지의 뜻에 따라 학교에 다니며 열심히 공부에 힘을 쏟았지요.

하지만 아들이 먼 곳으로 떠나고 얼마 뒤 부자는 큰 병에 걸리고 말았답니다. 병은 날이 갈수록 점점 더 깊어져 생명이 위독할 지경이었어요.

하루는 부자가 하인을 불러 말했습니다.

"아무래도 안 되겠다. 유언장을 써야겠으니 종이를 다오."

하인은 부자에게 종이를 가져다주었습니다.

〈나의 모든 재산을 하인에게 물려준다. 단, 내 아들은 내 재산 중 원하는 것 딱 한 가지만을 선택해서 가질 수 있다.〉

부자는 이 같은 유서를 남기고 얼마 지나지 않아 숨을 거두고 말았어요.

"주인님! 주인님……, 흐흐흑."

하인은 부자의 죽음을 겉으로는 슬퍼했지만 속으로는 기뻐서 웃음이 나올 지경이었어요. 부자가 가지고 있던 엄청난 재산이 모두 자신의 것이 되었으니까요.

하인은 한시라도 빨리 재산을 차지하기 위해 서둘러 부자의 아들이 다니는 학교로 떠났어요. 학교에 도착한 하인은 부자의 아들에게 아버지의 죽음을 알렸어요. 부자가 쓴 유언장을 보여주면서 말이에요. 부자의 아들은 갑작스런 아버지의 죽음을 전해 듣고는 눈물을 뚝뚝 흘렸어요. 더구나 모든 재산을 하인에게 물려주다니. 아들은 유언장의 내용을 보고 크나큰 슬픔에 빠졌답니다.

'사랑하는 아버지가 돌아가신 일도 믿기 어렵지만, 아버지가 쓰셨다는 유언장은 더더욱 믿을 수 없어. **아버지는 날 사랑하지 않으셨던 걸까?** 도대체 왜 내게 이런 일이 생긴 걸까……'

상심한 아들은 할 말을 잃고 말았어요. 장례식이 끝난 후 집으로 돌아간 아들은 정신을 가다듬고 다시 유

언장을 펼쳐보았어요.

'아버지 글씨인 것으로 보아서는 아버지가 쓴 유언장이 분명해. 아버지가 하인에게 모든 재산을 물려주신다고 했지만 단 한 가지는 가질 수 있다고 하셨어. 그 말은 무슨 뜻일까?'

아들은 밤새 골똘히 생각해 보았지만 아버지의 깊은 뜻을 알 길이 없었어요. 아침이 밝자마자 아들은 존경하는 랍비를 찾아가 유언장을 보여 주며 물었어요.

"아버지의 글씨가 틀림없는데 도대체 왜 이렇게 쓰셨을까요?"

유언장을 찬찬히 들여다본 랍비가 말했어요.

"자네 아버지는 무척 현명하신 분이로군. 또 자네를 지극히도 사랑하셨어."

"그게 무슨 말이죠?"

"내 말을 들어 보게. 아버지는 자신이 죽고 난 후를 걱정하신 거야. 하인이 자네에게 아버지의 죽음을 알리지 않고 재산을 가로채 달아나거나, 낭비할 경우를 미리 생각하신 거야. 그래서 모든 재산을 하인에게 주기로 하신 거지. 재산을 모두 물려받는다고 생각한 하인은 당연히 한시라도 빨리 자네에게 아버지의 죽음을 알릴 게 아닌가? 재산 또한 소중히 간직한 채 말일세."

"설령 그렇다 해도 결과적으로 전 빈털터리가 되고만 걸요."

"자네는 아버지를 따라가려면 한참 멀었네. 생각해 보게나. 하인의 재산은 누구의 것인가? 아버지가 자네에게 주겠다는 단 한 가지는 무엇이겠나?"

아들은 자리에서 벌떡 일어나 랍비에게 넙죽 절을 했어요. 그리고 기쁜 마음으로 집으로 돌아왔지요. 아들은 아버지의 재산 중 하인을 선택했고, 재산은 당연히 모두 아들의 것이 되었답니다.

인물관계도 예시 답안

하인의 재산은 주인의 것이므로 아들에게 주는 단 한 가지 재산은 바로 하인입니다.

🔵 가이드 tip 질문의 의도

답변이 될 수 있는 4개의 문장은 주인공인 아들이 아버지의 진짜 유언이 무엇인지를 알아가는 과정을 통해 만약 자신이 아버지였다면 죽기 전 어떤 행동을 했을지 생각해 보는 내용으로 구성되었습니다.

> ① 주인공의 생각 따라 쓰기 → ② 본문의 내용 파악하기 → ③ 아버지의 유언을 이해하기 → ④ 내가 아버지였다면 어떻게 행동했을지 상상하며 쓰기

를 통해 더 기발한 방법은 없는지 스스로 고민하게 도와주세요.

읽기 전 생각해 볼 것들

본문을 읽기 전 제목, 삽화, 표시된 문장을 보면서 본문의 내용을 유추하게 해 주세요.

1. 제목을 보고 본문이 어떤 내용일지 미리 이야기 나누어 볼까요.

2. 삽화에 등장하는 푸른 옷을 입은 남자가 하는 말을 유추해 볼까요.

3. 본문 속 따라 쓰는 문장(굵은 글씨)이 어떤 상황에서 나온 말일지 상상해 볼까요.

✏️ 참고하세요 본책 p.41 정답 예시

1 이야기와 만나는 문장 쓰기 주인공이 아버지의 유언장을 보고 어떤 생각을 했는지 따라 써봅니다. (왼쪽 파란색 문장 따라 쓰기)

2 이해하는 문장 쓰기 아들이 아버지의 유언장을 보고 슬퍼했던 이유를 본문에서 찾아봅니다.

예시 아들은 모든 재산을 하인에게 물려준다는 유언장을 보고 슬퍼했습니다.

3 생각을 발견하는 문장 쓰기 아버지가 하인에게 모든 재산을 물려준 이유는 무엇이었는지 본문을 참고하여 써 봅니다.

예시1 아버지는 자신이 죽고 난 이후를 걱정했습니다.

예시2 아버지는 하인이 재산을 모두 가로채거나 낭비해 버릴 것을 걱정했습니다.

4 상상하는 문장 쓰기 유언장을 이해하지 못할 아들을 위한 또 다른 방법은 없을지 아버지의 입장에서 상상해 봅니다.

예시1 내가 아버지였다면 믿을만한 랍비를 불러 유언장의 내용을 미리 가르쳐 주었을 것입니다.

예시2 내가 아버지였다면 아들에게 미리 편지를 써서 보냈을 것입니다.

모아쓰기 네 개의 문장을 이어서 하나의 문단을 완성합니다.

예시1 '아버지는 날 사랑하지 않으셨던 걸까?'
아들은 모든 재산을 하인에게 물려준다는 유언장을 보고 슬퍼했습니다. (사실) 아버지는 자신이 죽고 난 이후를 걱정했습니다. 내가 아버지였다면 믿을만한 랍비를 불러 유언장의 내용을 미리 가르쳐 주었을 것입니다.

예시2 '아버지는 날 사랑하지 않으셨던 걸까?'
아들은 모든 재산을 하인에게 물려준다는 유언장을 보고 슬퍼했습니다. (사실) 아버지는 하인이 재산을 모두 가로채거나 낭비해 버릴 것을 걱정했습니다. 내가 아버지였다면 아들에게 미리 편지를 써서 보냈을 것입니다.

가이드의 읽을거리 ● 죽음을 앞둔 아버지는 멀리 떨어진 곳으로 유학 간 아들을 부르지 못하고 하인에게 모든 재산을 남긴다는 유언을 합니다. 대신 아들에게는 유산 중 딱 한 가지를 선택할 수 있다고 덧붙이면서요.
아들이 하인을 선택해 모든 재산을 물려받도록 한 아버지의 지혜는 지금 생각해도 놀랍습니다. 하지만 아들이 랍비를 찾아가지 않았다면 모든 재산을 하인에게 빼앗기고 말았겠지요. 이를 대비해 자신이 아버지였다면 어떻게 했을지, 더 좋은 방법은 없을지 함께 이야기해 보세요. 대신 지금처럼 전화기가 없고 교통도 원활하지 않을 때라는 조건을 달아 주면서요. 또 다른 방법을 생각해 내는 과정에서 아버지의 지혜를 더 잘 이해하게 될 것입니다.

배고픈 여우의 선택

부모님, 선생님도 함께 읽고 아이들과 나누고 싶은 이야기를 생각해 보세요.

꼬르륵, 꼬륵……, 꼬르륵.

이틀째 아무것도 먹지 못한 여우가 먹이를 찾아 어슬렁거렸어요.

"아이고, 배고파. 어디 먹을 게 없나?"

어느새 여우는 먹이를 찾아 마을 어귀까지 내려오게 되었습니다. 그때였어요. 더는 걸을 힘조차 없었던 여우의 코끝에 향긋한 과일향이 스쳐 지나갔어요.

"아, 달콤한 냄새. 분명 이 주변에 뭔가가 있어."

두리번거리던 여우의 눈에 커다란 포도밭이 들어왔어요. 포도밭은 탱글탱글 주렁주렁 열린 포도들로 가득 차 있었어요. 향긋하고 달콤한 포도향에 여우의 입안은 벌써부터 군침이 가득했어요.

여우는 당장 포도밭에 뛰어들고 싶은 마음이 굴뚝같았지만 안타깝게도 포도밭은 단단한 울타리로 둘러싸여 있었어요.

'어딘가 빈틈이 있을지도 몰라.'

배고픈 여우는 포도밭 주위를 맴돌며 꼼꼼히 울타리를 살펴보았어요. 울타리 주변을 왔다갔다 해 보았지만 좀처럼 틈새는 보이지 않았지요.

'휴, 지친다. 지쳐.'

그 자리에 털썩 주저앉은 여우는 멍하니 울타리만 바라보았어요.

'어? 그런데 저게 뭐지?'

한참동안 울타리를 쳐다보던 여우가 울타리 아래 검은 그늘을 발견했어요. 가까이 다가가 살펴보니 울타리에 작은 공간이 보이는 게 아니겠어요? 여우는 드디어 포도를 먹을 수 있겠다는 생각에 잔뜩 신이 났어요.

하지만 이번에도 상황은 호락호락하지 않았어요. 여우가 통과하기에는 구멍이 너무 작았거든요. 고민 끝에 여우는 몸을 더 홀쭉하게 만들어야겠다고 생각했어요. 하루, 이틀, 사흘을 굶은 여우의 배는 홀쭉하다 못해 움푹 들어가 있었어요. 여우는 마지막으로 딱 한 번만 시도해 보고 이번에도 안 되면 뒤돌아설 작정이었어요. 그런데 어머나! 드디어 여우의 몸이 구멍을 쑤욱 통과했어요.

"포도밭에 들어왔어!"

기쁨도 잠시, 배가 고파 죽을 지경이었던 여우는 허겁지겁 포도를 따먹기 시작했어요. 달콤한 포도알을 우적우적 씹어 삼키기 바빴지요. 포도밭의 포도는 여우의 굶주린 배를 채우고도 남았어요. 물리도록 실컷 포도를 먹은 여우는 부른 배를 두드리며 생각했어요.

'어휴, 배불러. 더는 못 먹겠어. 배도 채웠으니 이제 슬슬 밖으로 나가볼까?'

여우는 들어왔던 구멍으로 몸을 넣어 보았어요. 그런데 이게 웬일일까요? 포도를 먹고 나니 몸이 좀처럼 구멍 안으로 들어가지 않았어요. 며칠 동안 굶은 후에야 통과할 수 있었던 구멍이었으니 배부른 여우가 통과할 수 없는 건 당연한 일이었지요.

'이런……, 다시 굶어야 하는 거야?'

여우는 어쩔 수 없이 다시 굶기 시작했어요. 주렁주렁 맛있게 열린 포도를 앞에 두고도 마른 침만 꼴깍꼴깍 삼켜야 했지요. 하루, 이틀, 사흘, 나흘……, 드디어 포도밭에 들어왔을 때처럼 배가 홀쭉해진 다음에야 겨우 구멍을 통과할 수 있었답니다.

"배가 고픈 건 처음이나 지금이나 마찬가지구나."

구멍에서 빠져나온 여우가 뒤돌아 포도밭을 바라보며 말했어요. 포도를 먹을 생각에만 빠져 포도밭에서 나올 방법을 궁리하지 못한 자신을 한심하다고 생각하면서 말이에요.

인물관계도 예시 답안

행동하기 전에 먼저 생각부터 해야 한다는 걸 깨달았을 것입니다.

답변이 될 수 있는 4개의 문장은 어리석은 여우의 행동을 돌아보면서 또 다른 해결책은 없을지 생각해 보는 과정으로 구성되었습니다.

> ① 핵심이 되는 문장 따라 쓰기 → ② 문제를 해결하기 위해 주인공이 어떻게 했는지 확인하기 → ③ 주인공의 감정 이해하기 → ④ 내가 주인공이었다면 어떤 방법으로 해결했을지 상상하기

를 통해 이야기가 전하는 교훈을 이해하고 새로운 방법을 찾아볼 수 있도록 도와주세요.

읽기 전 생각해 볼 것들

본문을 읽기 전 제목, 삽화, 어려운 말 풀이를 보면서 본문의 내용을 유추하게 해 주세요.

1. 제목을 보고 본문이 어떤 내용일지 미리 이야기 나누어 볼까요.

2. 삽화에 등장하는 여우가 어떤 상황에 처해있는지 유추해 볼까요.

3. 단어 뜻풀이에 나오는 '호락호락'을 활용해 문장을 만들어 볼까요.

✎ **참고하세요** 　본책 **p.45** 정답 예시

1 　이야기와 만나는 문장 쓰기 　포도를 먹고 난 이후의 결과를 예상하지 못한 여우가 처한 상황을 알려주는 핵심 문장을 따라 써 봅니다. (왼쪽 파란색 문장 따라 쓰기)

2 　이해하는 문장 쓰기 　포도를 다 먹고 난 후 어떻게 빠져나올지 생각하지 않은 여우가 다시 울타리를 빠져나가기 위해 어떻게 했는지 확인합니다.

예시 여우는 울타리를 빠져나오기 위해 다시 사흘을 굶어야 했습니다.

3 　생각을 발견하는 문장 쓰기 　들어올 때처럼 나갈 때도 울타리를 지나가기 위해 사흘을 넘게 굶어야 했던 여우는 스스로를 어떻게 느꼈을지 생각해 봅니다.

예시 1 여우는 자신이 한심하게 느껴졌습니다.

예시 2 여우는 먹을 생각만 하고 빠져나올 생각을 못한 자신이 바보처럼 느껴졌습니다.

4 　상상하는 문장 쓰기 　내가 여우였다면 포도를 어떻게 먹었을지, 울타리를 넘을 다른 방법이 없었을지 상상해 봅니다.

예시 1 내가 여우였다면 포도를 따서 먼저 울타리 밖으로 빼낸 다음 실컷 먹었을 것 같습니다.

예시 2 내가 여우였다면 굶는 대신 구멍을 더 크게 팠을 것 같습니다.

● 모아쓰기 ● 　네 개의 문장을 이어서 하나의 문단을 완성합니다.

예시 1 포도를 먹고 나니 몸이 좀처럼 구멍 안으로 들어가지 않았어요. 여우는 울타리를 빠져나오기 위해 다시 사흘을 굶어야 했습니다. 여우는 자신이 한심하게 느껴졌습니다. 내가 여우였다면 포도를 따서 울타리 밖으로 빼낸 다음 실컷 먹었을 것 같습니다.

예시 2 포도를 먹고 나니 몸이 좀처럼 구멍 안으로 들어가지 않았어요. 여우는 울타리를 빠져나오기 위해 다시 사흘을 굶어야 했습니다. 여우는 먹을 생각만 하고 빠져나올 생각을 못한 자신이 바보처럼 느껴졌습니다. 내가 여우였다면 굶는 대신 구멍을 더 크게 팠을 것 같습니다.

가이드의 읽을거리 ● 배고픈 여우는 포도밭에서 실컷 포도를 먹고 뒤돌아 나갈 때가 되어서야 자신이 다시 쫄쫄 굶어야 할 처지에 놓였다는 걸 알아차렸습니다. 결국 제자리걸음이었던 셈이죠.
이 이야기가 들려주는 교훈은 무엇일까요? 단순히 여우가 어리석었다, 포도밭에 처음부터 들어가지 말았어야 했다는 말로 정리하기에는 어딘가 아쉬움이 남지 않나요? 아마도 여우의 행동이 자주 어리석은 일을 저지르고 뒤늦게 후회하기를 반복하는 우리 자신과 다를 바가 없기 때문이 아닐까요?
어리석은 여우처럼 평소 우리 자신도 생활 속에서 앞뒤 가리지 않고 행동한 적은 없는지 이야기를 나눠 보세요. 그리고 어리석은 행동을 하지 않기 위해 미리 생각해 보고 실수를 반복하지 않는 일이 얼마나 중요한지도 자연스럽게 알려주세요.

부우웅~

백여 명의 승객을 태운 여객선이 뱃고동 소리를 울리며 항구를 빠져나갔어요. 화창한 날씨만큼이나 긴 여행을 떠나는 승객들의 마음도 들떠 있었지요.

항구를 떠난 지 일주일 정도 지난 어느 날이었어요. 아침부터 하늘이 심상치 않았어요. 먹구름이 몰려오고 강한 바람이 불어 배가 흔들렸지요. 얼마 지나지 않아 잔잔하던 바다에 집채만 한 파도가 몰아쳤어요. 여객선은 이리저리 흔들리며 높은 파도에 이끌려 오르락내리락을 반복했어요. 물건들은 바닥에 떨어져 나뒹굴고 사람들은 손잡이를 꼭 잡으며 폭풍우가 지나가기만을 바라고 있었지요.

다음날 아침, 폭풍우가 그치고 바다는 언제 그랬냐는 듯 평온을 되찾았어요. 다행히 몇몇 사람이 다쳤을 뿐 승객과 승무원 모두 무사했고요. 하지만 엔진이 고장 나서 배를 멈출 수밖에 없었어요. 고민에 빠져있던 선장의 귀에 선원 한 명이 크게 외치는 소리가 들렸어요.

"선장님! 동쪽 방향에 섬이 보입니다!"

선장은 우선 선원 네 사람에게 섬을 정찰하고 돌아오라는 명령을 내렸어요.

"와! 물이다!"

"저기 나무 좀 봐. 먹음직스런 열매가 주렁주렁 달려 있어."

선원이 발견한 섬은 아무도 살지 않는 무인도였지만 아름다운 꽃이 가득 피어있고 달콤한 열매와 먹을 물이 있는 곳이었어요. 정찰을 떠난 선원들은 물과 과일을 가져와 선장에게 보여 주었어요.

선장은 승객들을 대표하는 네 사람에게 말했어요.

"저 무인도는 물과 과일이 있는 아름다운 섬입니다. 섬에 내려 쉬겠습니까? 만약 섬에 가더라도 엔진을 고치고 적당한 바람이 불면 곧바로 돌아와야 합니다."

첫 번째 사람이 말했어요.

"배에 남아 있는 게 좋겠소. 엔진을 고치는 대로 바로 출발할 수 있도록 말이오."

두 번째 사람이 말했어요.

"섬으로 가되 물과 과일만 먹고 다시 돌아옵시다. 잠시 쉬는 것도 괜찮을 거요."

세 번째 사람이 말했어요.

"섬에 가더라도 배가 떠나기 전에만 돌아오면 되지 않소. 걱정 마시오."

네 번째 사람이 말했어요.

"배가 언제 고쳐질지 누가 알겠소? 이왕이면 이번 기회에 섬에서 푹 쉬다 옵시다."

첫 번째 사람을 제외한 세 사람은 섬으로 가기를 원했어요. 네 사람의 의견에 따라 승객들도 네 부류로 나뉘었지요. 두 번째, 세 번째, 네 번째 대표를 따라 많은 사람들이 배에서 내려 섬으로 들어갔어요.

몇 시간이 지났을까요. 여객선이 뱃고동 소리를 울렸어요. 엔진을 다 고친 여객선이 떠나야 할 시간이라는 걸 알리는 소리였지요. 두 번째 대표를 따르던 사람들은 이미 여객선에 도착해 있었어요. 세 번째 대표를 따르던 사람들은 마지막 뱃고동 소리를 듣고 부리나케 배로 돌아왔어요. 떠나려는 배를 붙잡으려 뛰어가던 사람들은 바위에 상처를 입기도 하고 바다에 뛰어들어 온몸이 젖기도 했어요. 그럼 네 번째 대표를 따르던 사람들은 어떻게 했을까요? 그들은 배에 오를 생각조차 하지 않았어요.

"아무렴 어때. 여기도 살기 좋은걸."

가야 할 목적지를 잊어버린 사람들은 섬 생활을 즐기기에 바빴어요. 영영 배에 오를 기회가 사라졌는데도 말이에요. 배가 떠난 지 한 달 후, 네 번째 대표를 따르던 사람들은 모두 죽고 말았어요. 섬에서 먹을거리가 떨어지자 서로 싸우거나 굶다 지쳐 쓰러졌기 때문이랍니다.

인물관계도 예시 답안

잠깐 섬으로 가서 물과 과일을 먹고 다시 배로 돌아오겠습니다.

답변이 될 수 있는 4개의 문장은 선택이 필요한 상황에서 제시된 규칙을 확인하고, 어떤 선택을 하는 것이 적절한지 이해하는 과정으로 구성되었습니다.

> ① 제시된 규칙 따라 쓰기 → ② 그룹에 따라 다른 선택 내용 이해하기 → ③ 잘못된 선택을 한 그룹 확인하기 → ④ 내가 승객이었다면 어떤 의견을 따랐을지 상상하며 쓰기

를 하면서 각각의 그룹이 했던 선택이 무엇을 의미하는지 생각해 보도록 지도해 주세요.

본문을 읽기 전 제목, 삽화, 표시된 문장을 보면서 본문의 내용을 유추하게 해 주세요.

1. 제목을 보고 본문에 어떤 이야기가 나올지 미리 이야기 나누어 볼까요.

2. 빨간 모자를 쓴 선장과 검은 옷을 입은 남자는 어떤 이야기를 하고 있을까요.

3. 본문 속 따라 쓰는 문장(굵은 글씨)이 어떤 상황에서 나온 말일지 상상해 볼까요.

✏️ **참고하세요** 본책 p.49 정답 예시

1 이야기와 만나는 문장 쓰기 승객들을 선택의 기로에 놓이게 한 핵심 문장을 따라 써 봅니다. (왼쪽 파란색 문장 따라 쓰기)

2 이해하는 문장 쓰기 첫 번째 대표가 말한 내용을 찾아 문장으로 써 보면서 본문을 이해했는지 확인합니다.

예시 첫 번째 대표는 엔진을 고치는 대로 출발해야 하기 때문에 배에 남아 있겠다고 말했습니다.

3 생각을 발견하는 문장 쓰기 배가 무인도를 떠날 때 네 번째 대표와 그를 따르는 무리는 어떻게 했는지 찾아 써 보면서 각각의 선택에 어떤 차이가 있는지 발견합니다.

예시 1 네 번째 대표는 배에 오를 생각조차 하지 않았습니다.

예시 2 네 번째 대표는 배가 떠나가도 목적지를 잊고 섬 생활을 즐기기에 바빴습니다.

4 상상하는 문장 쓰기 만약 내가 배에 탄 승객 중 한 명이었다면 어떤 선택을 할지 상상하면서 올바른 선택에 대해 생각해 봅니다.

예시 1 내가 승객이었다면 두 번째 대표의 의견에 따라 섬에 가보되 물과 과일만 먹고 바로 돌아올 것입니다.

예시 2 내가 승객이었다면 세 번째 대표의 의견에 따라 섬에 가서 조금 쉬고 배가 출발할 때가 되면 곧바로 돌아오겠습니다.

● **모아쓰기** 네 개의 문장을 이어서 하나의 문단을 완성합니다.

예시 1 "만약 섬에 가더라도 엔진을 고치고 적당한 바람이 불면 곧바로 돌아와야 합니다."
첫 번째 대표는 엔진을 고치는 대로 출발해야 하기 때문에 배에 남아 있겠다고 말했습니다. 네 번째 대표는 배에 오를 생각조차 하지 않았습니다. 내가 승객이었다면 두 번째 대표의 의견에 따라 섬에 가보되 물과 과일만 먹고 바로 돌아올 것입니다.

예시 2 "만약 섬에 가더라도 엔진을 고치고 적당한 바람이 불면 곧바로 돌아와야 합니다."
첫 번째 대표는 엔진을 고치는 대로 출발해야 하기 때문에 배에 남아 있겠다고 말했습니다. 네 번째 대표는 배가 떠나가도 목적지를 잊고 섬 생활을 즐기기에 바빴습니다. 내가 승객이었다면 세 번째 대표의 의견에 따라 섬에 가서 조금 쉬고 배가 출발할 때가 되면 곧바로 돌아오겠습니다.

가이드의 읽을거리 ● 탈무드에서 배에 타고 있는 승객들은 바로 우리 자신입니다. 우리들은 인생이라는 배를 타고 항해를 하지만 물과 과일, 따뜻한 햇볕으로 안식처가 되어주는 섬을 만나면서 제각기 다른 선택을 합니다.
첫 번째 대표의 그룹은 인생을 목표한 바대로 꾸준히 이어나가는 사람들입니다. 두 번째, 세 번째 대표의 그룹은 즐거움을 취하기는 해도 제자리로 돌아올 줄 아는 사람들이죠. 네 번째 대표의 그룹은 삶의 목적을 잊어버리고 현재만을 즐기려는 사람들입니다.
아이들에게는 인생이나 삶의 목표 등은 너무나 거창한 말이 될 테니, 해야 할 숙제처럼 원하는 목표를 성취하기 위해 어떤 태도가 필요한지를 알려주는 이야기로 활용해 보시기를 추천합니다.

부모님, 선생님도 함께 읽고 아이들과 나누고 싶은 이야기를 생각해 보세요.

임금이 부럽지 않은 이유

어느 항구도시에 무역으로 아주 큰 돈을 번 부자가 있었어요. 부자는 돈이 많았을 뿐만 아니라 마음씨도 좋아 누구에게나 칭송을 받았답니다. 부자는 돈 만큼이나 거느리는 노예도 많았어요. 그 중 부자의 일이라면 물불 가리지 않고 뛰어들어 일했던 노예가 있었습니다. 하루는 부자가 그 노예를 자신의 방으로 불렀어요.

"지금처럼 큰 성공을 거두고 많은 재산을 가질 수 있게 된 건 모두 네 덕분이다. 너의 영리한 머리와 발빠른 행동 덕분에 내 재산이 열 배 넘게 늘어났구나. 나도 고마움의 표시를 하고 싶으니 원하는 게 있으면 뭐든지 말해 보아라."

부자의 인자한 얼굴을 올려다보던 노예가 조심스럽게 말을 꺼냈어요.

"정말 원하는 것은 뭐든 들어주시겠습니까?"

부자는 고개를 끄덕였어요. 망설이던 노예는 떨리는 목소리로 말했어요.

"자유……, 자유입니다."

부자는 노예의 손을 잡아 일으켰어요. 그리고 한 치의 망설임도 없이 대답했어요.

"좋다. 자유를 주지. 그리고 배 한 척을 내주마. 배를 타고 넓은 세상으로 나가서 네가 원하는 곳에서 하고 싶은 일을 하며 살도록 하라."

부자는 다음 날 노예에게 배 한 척을 내어주고 금과 은, 곡식 등을 잔뜩 실어주었답니다. 부자에게 마지막 인사를 한 노예는 배에 올라 항해를 시작했어요.

하지만 배는 항구를 떠난 지 얼마 지나지 않아 거친 폭풍을 만나고 말았어요. 폭풍우 속에 배는 부서지고 노예가 받은 재산은 모두 바다 깊은 곳으로 가라앉았답니다. 배도 재산도 모두 잃은 노예는 간신히 목숨만 건진 채 이름 모를 섬에 다다랐어요.

"여긴 도대체 어디지?"

해변으로 밀려온 노예는 정신을 차리고 섬 주변을 돌아보았어요. 섬에서 가장 높은 산꼭대기에 오른 노예는 발아래 펼쳐진 모습에 눈을 의심하지 않을 수 없었

어요. 산 아래에는 수많은 집들과 사람들이 있었거든요. 마을로 내려간 노예는 또 한 번 깜짝 놀랐어요. 마을의 제사장이 빈털터리인 자신에게 임금이 되어주기를 부탁했거든요.

"임금이라고요?"

놀란 노예에게 제사장이 말했어요.

"바다에서 온 사람에게 일 년 동안 임금이 되어 주길 요청하는 것은 우리의 전통입니다. 일 년이 지난 후 우리 섬 맞은편 '죽음의 섬'으로 가야하는 것 역시 전통이지요. 당신은 우리의 전통을 꼭 따라야 합니다."

죽음의 섬은 먹을 것도 마실 물도 없어 사람이 살 수 없는 무인도였어요. 노예는 제사장의 말을 곱씹어 생각해 보았어요. 그러다 기막힌 방법이 떠올라 섬의 전통대로 임금이 되기로 했답니다.

임금이 된 노예는 섬 사람들에게 말했어요.

"죽음의 섬에 샘을 파고 과일나무를 옮겨 심어라. 땅을 일구고 곡식의 씨도 뿌려 가꾸어라."

약속한 일 년이 지나고 노예는 임금의 자리에서 내려와 죽음의 섬으로 쫓겨났어요. 이때 노예를 따르던 사람들도 함께 죽음의 섬으로 갔는데요. 사람들은 깜짝 놀라 입을 다물지 못했어요. 죽음의 섬이 수많은 과일나무로 빽빽하고 곡식이 풍부하며 맑은 물이 흐르는 생명의 땅이 되어 있었기 때문이에요. 노예는 그를 따르는 섬 사람들과 생명의 땅에서 새로운 출발을 할 수 있었답니다.

인물관계도 예시 답안

죽음의 섬에 샘을 파고 과일나무를 옮겨 심으라고 말했습니다.

가이드 tip　질문의 의도

답변이 될 수 있는 4개의 문장은 주인공 노예가 자신의 운명을 개척하는 과정을 따라가면서 내가 주인공이었다면 어떤 행동을 할지 상상해 보도록 구성되었습니다.

> ① 주인공의 주요 대화 따라 쓰기 → ② 주인공의 지시가 어떤 변화를 가져왔는지 확인하기 → ③ 바뀐 모습을 본 주인공의 기분 이해하기 → ④ 내가 노예였다면 어떤 지시를 내릴지 상상하며 쓰기

를 하면서 본문의 내용을 완전히 이해하고 주인공의 삶을 바꿀 수 있었던 지혜를 학습합니다.

읽기 전 생각해 볼 것들

본문을 읽기 전 제목, 삽화, 표시된 문장을 보면서 본문의 내용을 유추하게 해 주세요.

1. 제목을 보고 어떤 내용일지 미리 이야기 나누어 볼까요.

2. 바닥에 주저앉아 있는 사람이 무슨 일을 당했는지 유추해 볼까요.

3. 단어 뜻풀이에 나오는 '노예'는 어떤 삶을 살았을지 상상해 볼까요.

참고하세요　본책 p.53 정답 예시

1 이야기와 만나는 문장 쓰기　결정적으로 주인공의 인생을 바꾼 주요 대화를 따라 써 봅니다. (왼쪽 파란색 문장 따라 쓰기)

2 이해하는 문장 쓰기　주인공 노예의 명령으로 죽음의 섬이 어떻게 바뀌었는지 확인합니다.

예시 죽음의 섬은 과일나무와 곡식이 풍부하고 맑은 물이 흐르는 생명의 땅이 되었습니다.

3 생각을 발견하는 문장 쓰기　일 년 뒤 죽음의 섬에 도착해 완전히 달라진 모습을 본 노예의 기분을 느껴봅니다.

예시 1 노예는 이제 진짜 자유를 얻은 것에 기뻐했을 것입니다.
예시 2 노예는 죽음의 섬을 생명의 섬으로 바꿔 놓은 스스로가 자랑스러웠을 것입니다.

4 상상하는 문장 쓰기　만약 내가 노예였다면 임금의 자리에 있을 때 어떤 명령을 내리고 싶은지 상상해 봅니다.

예시 1 내가 노예였다면 죽음의 섬으로 가는 다리를 놓아 외롭지 않게 살아가겠습니다.
예시 2 내가 노예였다면 죽음의 섬에서는 모두가 평등하게 살아갈 수 있도록 법을 만들어 놓겠습니다.

모아쓰기　네 개의 문장을 이어서 하나의 문단을 완성합니다.

예시 1 "죽음의 섬에 샘을 파고 과일나무를 옮겨 심어라."
죽음의 섬은 과일나무와 곡식이 풍부하고 맑은 물이 흐르는 생명의 땅이 되었습니다. 노예는 이제 진짜 자유를 얻은 것에 기뻐했을 것입니다. 내가 노예였다면 죽음의 섬으로 가는 다리를 놓아 외롭지 않게 살아가겠습니다.

예시 2 "죽음의 섬에 샘을 파고 과일나무를 옮겨 심어라."
죽음의 섬은 과일나무와 곡식이 풍부하고 맑은 물이 흐르는 생명의 땅이 되었습니다. 노예는 죽음의 섬을 생명의 섬으로 바꿔 놓은 스스로가 자랑스러웠을 것입니다. 내가 노예였다면 죽음의 섬에서는 모두가 평등하게 살아갈 수 있도록 법을 만들어 놓겠습니다.

가이드의 읽을거리 ● 탈무드의 이야기는 매우 상징적이어서 여러 가지 해석이 가능합니다. 이번 이야기에서도 여러 상징적인 요소들을 찾아볼 수 있는데요. 일반적으로 노예를 풀어준 부자는 유대인들이 믿고 있는 신으로, 노예가 도착한 섬은 우리 인생으로 해석합니다. 노예가 임금이 된 것은 우리가 삶의 주인이 된 것을, 노예가 가야하는 '죽음의 섬'은 죽고 난 뒤에 가야하는 저 세상을 의미하지요. 궁극적으로 이 이야기는 살아있는 동안 우리가 했던 일들이 저 세상을 '죽음의 섬'으로도 '생명의 섬'으로도 만들 수 있다는 교훈을 전하고 있습니다.

아이들에게는 '죽음의 섬'을 '생명의 섬'으로 바꿀 수 있었던 주인공 노예의 의지와 노력을 발견하도록 지도해 주세요. 지금의 노력이 우리의 미래를 완전히 뒤바꿔 놓을 수 있다는 이야기 정도로 이해해도 충분합니다.

거미를 싫어한 임금님

다윗과 골리앗의 이야기를 들어본 적 있나요? 양치기 소년이었던 다윗이 거인 골리앗을 물리친 이야기 말이에요. 골리앗과의 싸움으로 유명해졌던 다윗은 자라서 지혜롭고 현명한 이스라엘의 두 번째 왕이 되었어요. 이스라엘 사람들은 모두 그런 다윗왕을 사랑했지요. 하지만 다윗왕은 유독 무서워 하는 것이 있었어요.

"저기 저 거미줄이 보이지 않느냐? 당장 치워라. 거미도 어서 없애 버려!"

신하들은 다윗왕의 말대로 거미줄을 치우고 보이는 대로 거미를 없애기는 했지만 왕궁의 모든 거미를 없앨 수는 없는 노릇이었어요. 보다 못한 한 신하가 용기를 내어 다윗왕에게 말했어요.

"임금님. 거미는 우리에게 이로운 곤충입니다. 거미줄을 쳐서 해로운 곤충들을 잡아먹으니 어느 정도는 놔두는 것도 도움이 되지 않겠습니까?"

"싫다! 아무리 그렇대도 난 거미가 싫어. 보기만 해도 더럽고 지저분하다는 생각이 드는 걸 어쩌겠느냐. 앞으로 절대 내 눈 앞에 거미가 보이지 않도록 해 다오."

다윗왕은 충성스러운 신하의 말에도 아랑곳없이 거미를 없애라고 명령했어요. 신하들은 다윗왕의 말대로 보이는 족족 거미를 없애고는 했답니다.

몇 년 후 이스라엘에 적이 쳐들어왔어요. 상황이 다급해지자 다윗왕이 직접 전쟁터로 향했어요. 하지만 적군의 수가 너무 많아서 이스라엘의 군인들이 적에게 밀리기 시작했어요.

"임금님! 지금 바로 몸을 피하셔야 합니다. 적들이 언제 들이닥칠지 모릅니다."

다윗왕과 병사들은 적군을 피해 숲으로 도망쳤어요.

"임금님. 마침 이 앞에 동굴이 있습니다. 오늘 밤은 거기서 보내는 게 어떨까요?"

맨 앞에서 왕을 호위하던 장군이 말했어요. 다윗왕은 고개를 끄덕이며 동굴로 향했어요. 마지막 병사 두 사람은 동굴 입구를 나뭇가지로 가려 놓고 동굴로 따라 들어갔답니다. 지친 병사들은 이내 잠에 빠져들었어요.

'이대로 패배할 수는 없어. 적군을 피해 적진에 들어가는 법을 생각해야 한다.'

다윗왕은 힘들고 피곤했지만 정신만은 또렷했지요. 서서히 날이 밝아왔어요. 동굴 틈 사이에도 빛이 새어 들어오고 있었어요.

"동굴이다!"

동굴 밖에서 누군가가 외치는 소리가 들렸어요. 적군이 동굴을 발견하고 말았던 것이죠. 다윗왕은 숨을 죽이고 이들의 말에 귀를 기울였어요.

"이 동굴을 살펴보자. 다윗왕이 숨었을지 몰라."

적들이 다가오는 발소리에 다윗왕은 바짝 긴장했어요. 옆에 있던 장군도 칼을 든 채 마른침을 삼켰답니다.

바로 그때였어요. 멀리서 장군처럼 보이는 남자가 명령하는 목소리가 들려왔어요.

"시간 낭비할 필요 없다. 다윗왕이라면 이런 거미줄이 가득한 동굴에는 들어가지 않았을 거야."

"맞다. 다윗왕은 거미줄을 지독하게 싫어하는 걸로 유명하지? 아무리 급해도 거미줄이라면 질색하는 다윗왕이 동굴에 들어갈 리가 없지."

막 동굴로 들어오려던 병사가 장군의 말을 듣고는 혼잣말을 하며 발길을 돌렸어요. 그제야 한숨 돌린 다윗왕은 생각했지요.

'어둡고 피곤해서 거미줄을 보지 못했는데, 거미줄 덕분에 내 목숨을 건졌구나…….'

이 일을 계기로 다윗왕은 아무리 자신이 싫어하는 것이라도 언젠가 도움이 될 수 있다는 사실을 깨달았답니다.

적에게 쫓기던 다윗왕이 거미줄 덕분에 살아나자 거미에게 고마움을 느꼈습니다.

🔎 가이드 tip 질문의 의도

답변이 될 수 있는 4개의 문장은 본문에서 주인공 다윗왕이 깨달음을 얻게 된 과정을 통해 최종적으로 어떤 감정을 느끼는지 상상해 보기 위해 구성되었습니다.

> ① 이야기의 핵심 문장 따라 쓰기 → ② 주인공의 행동 이해하기 →
> ③ 결정적 순간을 모면하게 된 배경 확인하기 → ④ 내가 주인공이었다면 어떤 기분을 느꼈을지 상상하기

를 통해 주인공이 느꼈을 법한 감정에 관심을 기울이도록 도와주세요.

읽기 전 생각해 볼 것들

본문을 읽기 전 제목, 삽화, 표시된 문장을 보면서 본문의 내용을 유추하게 해 주세요.

1. 주어진 제목으로 어떤 이야기를 만들 수 있을지 대화해 볼까요.
2. 삽화에 등장하는 임금님이 어떤 상황에 처해있는지 유추해 볼까요.
3. 본문 속 따라 쓰는 문장(굵은 글씨)은 누가, 왜 한 말인지 상상해 볼까요.

✏️ 참고하세요 본책 p.59 정답 예시

1 이야기와 만나는 문장 쓰기 │ 이야기의 발단이 되는 핵심 문장을 따라 써봅니다. (왼쪽 파란색 문장 따라 쓰기)

2 이해하는 문장 쓰기 │ 주인공 다윗왕이 거미를 없애 달라고 말한 이유를 이해합니다.

> **예시** 다윗왕은 거미줄과 거미가 더럽다면서 눈에 보이는 모든 거미를 없애 달라고 말했습니다.

3 생각을 발견하는 문장 쓰기 │ 다윗왕을 쫓던 적들이 동굴을 지나쳐 간 이유를 확인합니다.

> **예시 1** 적들은 거미줄이 가득한 동굴에 다윗왕이 있을 리 없다고 생각했습니다.
> **예시 2** 적들은 평소에 다윗왕이 거미를 싫어한다는 것을 생각해냈습니다.

4 상상하는 문장 쓰기 │ 자신이 극도로 싫어하던 거미가 자신의 목숨을 살렸을 때 다윗왕이 어떤 감정을 느꼈을지 상상해 봅니다.

> **예시 1** 내가 다윗왕이었다면 거미에게 감사하는 마음이 들었을 것입니다.
> **예시 2** 내가 다윗왕이었다면 다시는 거미를 죽이지 않겠다고 다짐했을 것입니다.

모아쓰기 │ 네 개의 문장을 이어서 하나의 문단을 완성합니다. 다른 생각을 전개하기 위해 접속사로 흐름을 전환한 후 문장을 써 보도록 도와주세요.

> **예시 1** "앞으로 절대 내 눈 앞에 거미가 보이지 않도록 해 다오."
> 다윗왕은 거미줄과 거미가 더럽다면서 눈에 보이는 모든 거미를 없애 달라고 말했습니다. (그래서) 적들은 거미줄이 가득한 동굴에 다윗왕이 있을 리 없다고 생각했습니다. 내가 다윗왕이었다면 거미에게 감사하는 마음이 들었을 것입니다.

> **예시 2** "앞으로 절대 내 눈 앞에 거미가 보이지 않도록 해 다오."
> 다윗왕은 거미줄과 거미가 더럽다면서 눈에 보이는 모든 거미를 없애 달라고 말했습니다. (그리고) 적들은 평소에 다윗왕이 거미를 싫어한다는 것을 생각해냈습니다. 내가 다윗왕이었다면 다시는 거미를 죽이지 않겠다고 다짐했을 것입니다.

가이드의 읽을거리 ● 이스라엘의 두 번째 왕인 다윗왕은 '골리앗과의 싸움'으로 널리 알려진 것처럼 용감하고 지혜로운 왕이었습니다. 하지만 용감한 다윗왕조차도 몸서리를 칠 만큼 싫어한 것이 바로 거미였죠. 거미는 다윗왕의 말대로 쓸데없는 생물처럼 보입니다. 거미뿐일까요. 개미, 모기, 바퀴벌레……. 인간에게 도움이 되지 않는 것처럼 보이는 벌레들은 수없이 많습니다.

평소 싫어하는 벌레나 필요 없다고 생각해 온 생명체는 없었는지 물어봐 주세요. 그리고 그것이 정말 지구상에 없어도 되는 존재인지 함께 이야기 나눠 보세요. 정작 왜 싫어하는지에 대해 이야기해 보면 결국 '싫어하는 마음' 그 자체 때문일 때가 많다는 사실을 알게 될 테니까요.

나무 심는 할아버지

가지마다 푸릇푸릇한 새싹이 올라오는 봄날이었어요. 전날 내린 비로 땅도 아주 촉촉했지요. 화창한 날씨 덕분에 누구나 절로 미소가 지어지는 날이었답니다. 마을에서 가장 나이가 많은 할아버지가 집 밖으로 나갈 채비를 했어요. 일곱 살 남짓한 손녀가 다가와 할아버지께 여쭈었어요.

"할아버지 어디 가세요?"

"응. 이렇게 좋은 날 집에만 있어서야 되겠니? 밖에 나가 바람도 쐬고 미뤄두었던 일도 좀 해야겠구나. 너도 같이 가겠니?"

할아버지의 말에 손녀는 신이 나 대답했어요.

"네. 좋아요! 당장 나가요."

할아버지는 뒤뜰에 놓아둔 커다란 포대를 어깨에 메더니 마을 뒤 숲을 향해 걸어 갔어요. 손녀는 할아버지를 뒤따라가면서 할아버지가 멘 포대에는 무엇이 들어 있을까 궁금했지요.

"여기가 좋겠구나."

할아버지는 듬성듬성 풀이 나 있는 평평한 땅을 바라보며 말했어요. 그리고 메고 왔던 포대를 땅에 내려놓았지요. 할아버지가 포대에서 꺼낸 건 어린 나무 열 그루와 양동이 그리고 삽이었어요. 할아버지는 삽으로 땅을 파낸 뒤 조심스레 나무를 심기 시작했어요. 한 그루, 두 그루, 세 그루……, 할아버지는 쉬지 않고 땅에 나무를 심었어요. 손녀는 할아버지가 나무를 심을 때마다 옆에서 흙을 돋우었답니다.

"할아버지. 이건 다 무슨 나무예요?"

"과일나무 묘목들이란다. 우리 예쁜 손녀가 이 할아버지만큼 키가 크면 여기 나무들도 모두 열매를 맺게 될 거야. 결혼하고 아이들을 낳으면 꼭 이곳에 다시 와서 우리가 함께 심은 과일나무를 구경시켜 주렴. 그때는 나뭇가지가 휘도록 많은 과일이 주렁주렁 열려 있을 테니 말이야."

"정말요? 상상만 해도 기대돼요!"

손녀는 손뼉을 치며 기뻐했어요. 나무 한 그루 한 그루에 쏟는 정성도 달라졌답니다.

"나무야, 나무야. 무럭무럭 자라라."

어느덧 할아버지와 손녀는 열 그루의 어린 과일나무를 모두 심었어요. 할아버지는 근처 냇가에서 물을 길어와 나무 한 그루 한 그루에 부어 주었어요. 뿌리까지 촉촉해지도록 넉넉히 말이에요.

"자. 이제 됐다."

할아버지는 이마에 송글송글 맺힌 땀을 닦으며 말했어요. 할아버지의 얼굴은 매우 지쳐 보였지요. 할아버지를 올려다보던 손녀가 말했어요.

"할아버지. 과일나무에 과일이 주렁주렁 열리면 가장 먼저 할아버지께 가져다 드릴게요. 그것도 제일 예쁘고 탐스러운 것으로 골라서요. 그러니 계속 건강하셔야 해요. 알았죠?"

손녀의 말을 들은 할아버지의 입가에는 미소가 어렸어요.

"고맙구나. 그런데 이 과일나무는 너와 네 아이들을 위한 것이란다. 저기 저 나무들이 보이니?"

할아버지가 숲 어귀에 있는 울창한 나무들을 가리키며 말했어요.

"네게 따다 주었던 과일들은 모두 저 나무들에서 나왔단다. 내 할아버지께서 심어 두신 거지. 이제는 나도 같은 일을 하고 있을 뿐이야. 알겠니?"

잠시 생각하던 손녀는 눈시울이 붉어져 고개를 떨구고 말았답니다.

손녀는 할아버지의 사랑을 느끼며 감사한 기분이 들었을 것입니다.

답변이 될 수 있는 4개의 문장은 본문에 등장하는 할아버지와 손녀의 대화를 통해 손녀의 감정을 함께 느껴볼 수 있도록 구성되었습니다.

> ① 주인공의 주요 대화문 따라 쓰기 → ② 주인공의 행동 이해하기 →
> ③ 주인공 행동의 이유 생각하기 → ④ 내가 주인공이었다면 어떤 기분을 느꼈을지 상상하기

를 통해 여러 세대를 거쳐 오랫동안 이어온 소중한 가치가 무엇인지 생각해 보도록 도와주세요.

본문을 읽기 전 제목, 삽화 등을 보면서 본문의 내용을 유추하게 해 주세요.

1. 제목을 보고 본문이 어떤 내용일지 미리 이야기 나누어 볼까요.

2. 삽화에 등장하는 할아버지와 손녀는 무엇을 하고 있었을지 유추해 볼까요.

3. 삽화에 등장하는 할아버지와 손녀가 나눈 대화를 상상해 볼까요.

✏ **참고하세요** 본책 p.63 정답 예시

1 이야기와 만나는 문장 쓰기 주제를 담고 있는 주인공의 주요 대화문을 따라 써봅니다. (왼쪽 파란색 문장 따라 쓰기)

2 이해하는 문장 쓰기 할아버지가 손녀를 위해 어떤 행동을 하고 있는지 이해해 봅니다.

예시 할아버지는 손녀를 위해 열 그루의 과일나무를 심었습니다.

3 생각을 발견하는 문장 쓰기 할아버지께서 어린 과일나무를 심는 이유를 헤아려 봅니다.

예시1 왜냐하면 손녀가 엄마가 될 때쯤이면 과일나무가 주렁주렁 열매를 맺을 것이기 때문입니다.

예시2 왜냐하면 할아버지의 할아버지 역시 할아버지를 위해 어린 과일나무를 심었기 때문입니다.

4 상상하는 문장 쓰기 손녀를 위해 정작 자신에게는 아무 소용도 없는 과일나무를 심은 할아버지를 바라보는 손녀의 기분을 상상해 봅니다.

예시1 내가 손녀였다면 할아버지가 자신은 먹지도 못하는 과일나무를 심었다는 사실에 고마움을 느꼈을 것 같습니다.

예시2 내가 손녀였다면 나중에 내 손녀를 위해 나무를 심고 같은 말을 해 주어야겠다고 다짐할 것입니다.

모아쓰기 네 개의 문장을 이어서 하나의 문단을 완성합니다.

예시1 "그런데 이 과일나무는 너와 네 아이들을 위한 것이란다."
할아버지는 손녀를 위해 열 그루의 과일나무를 심었습니다. 왜냐하면 손녀가 엄마가 될 때쯤이면 과일나무가 주렁주렁 열매를 맺을 것이기 때문입니다. 내가 손녀였다면 할아버지가 자신은 먹지도 못하는 과일나무를 심었다는 사실에 고마움을 느꼈을 것 같습니다.

예시2 "그런데 이 과일나무는 너와 네 아이들을 위한 것이란다."
할아버지는 손녀를 위해 열 그루의 과일나무를 심었습니다. 왜냐하면 할아버지의 할아버지 역시 할아버지를 위해 어린 과일나무를 심었기 때문입니다. 내가 손녀였다면 나중에 내 손녀를 위해 나무를 심고 같은 말을 해 주어야겠다고 다짐할 것입니다.

가이드의 읽을거리 ● 탈무드에 나온 할아버지와 손녀의 이야기는 현재 우리의 이야기로 바꾸어도 전혀 어색하지 않습니다. 본문에서 할아버지는 손녀와 자식들을 위해 어린 과일나무를 심고 손녀는 할아버지의 마음을 알아차리며 눈시울이 붉어집니다.

우리나라에서 '내리사랑'이라고 하는 다음 세대를 위한 사랑은 '조건 없는 사랑'을 가리킵니다. 아이를 사랑할 때 혹은 칭찬할 때 사랑받을 만해서, 칭찬받을 만해서 사랑을 주지는 않으셨나요? 조건 없이, 그저 있는 그대로를 사랑한다는 건 어떤 마음일지 아이에게 먼저 물어봐 주세요. 또 이번 기회를 통해 아이에게 그런 사랑을 받은 기억이 있는지, 그런 사랑을 주고 싶은 사람이 있는지 이야기하면서 '조건 없는 사랑'을 표현하는 건 어떨까요?

부모님, 선생님도 함께 읽고 아이들과 나누고 싶은 이야기를 생각해 보세요.

호숫가 근처에 한 농부 가족이 살았어요. 농부는 작은 배를 하나 가지고 있었는데, 틈틈이 하는 호수 낚시를 큰 기쁨으로 삼았어요. 농부가 유일하게 호수에 나가지 못하는 계절은 겨울이었어요. 한겨울에는 추운 날씨 탓에 호수가 꽝꽝 얼어붙어 배를 띄우지 못하기 때문이었어요.

'이제 슬슬 배를 치울 때가 됐군.'

겨울이 오고 날씨가 추워지자 농부는 호숫가에 띄워 두었던 배를 땅으로 끌어냈어요. 어영차! 어영차! 힘주어 배를 끌어내는데 갑자기 배가 꼼짝하지 않았어요. 농부는 더욱 힘껏 배를 끌어냈지요.

'우지끈!'

앗. 그런데 어디선가 나무 부러지는 소리가 들리는 게 아니겠어요. 깜짝 놀란 농부가 배 아래쪽을 살펴보았어요. 아니나 다를까 배 밑창 나무가 돌부리에 뜯겨나가면서 작은 구멍이 생기고 만 것이었어요.

'이를 어쩐다? 배에 구멍이 나고 말았군. 어차피 추운 겨울이라 배를 쓸 일이 없으니 봄이 되면 배를 고쳐야겠어.'

농부는 자신의 배를 마저 땅 위로 끌어올린 후 집으로 돌아갔어요.

손발을 꽁꽁 얼리던 칼날 같은 겨울바람도 잦아들고 따뜻한 봄바람에 겨우내 얼었던 세상이 녹아내리기 시작하는 봄이 왔어요. 어느 날 마을의 나이 많은 칠장이가 농부를 찾아왔어요.

"저기……, 미안하네만 내가 할 만한 일이 없겠나? 겨우내 일을 못해 곡식이고 뭐고 먹을거리가 모두 떨어지고 말았어."

칠장이의 말을 들은 농부는 잠시 생각하더니 말했어요.

"호숫가에 제가 타던 배가 있어요. 오래된 배여서 지저분할 겁니다. 그 배를 새로 칠해 주세요. 그럼 제가 집으로 가실 때 곡식을 좀 챙겨 드리겠습니다."

칠장이는 환하게 웃으며 고개를 끄덕였어요. 칠장이가 새로 칠한 배는 정말로 새 것처럼 반짝거렸어요. 빈

틈없이 꼼꼼히 칠한 배를 보며 농부와 두 아들은 크게 감탄했답니다.

며칠 후 완연한 봄날이 되자 두 아들이 달려와 농부에게 말했어요.

"아버지! 날씨가 정말 좋아요. 호수에서 한 시간만 배를 타면 안 될까요?"

"좋아. 딱 한 시간만이야."

농부의 허락을 받은 두 아들은 신이 나서 호숫가로 달려갔어요. 하지만 한 시간, 두 시간이 지나도 아이들은 돌아올 기미가 보이지 않았어요.

'아이들에게 무슨 일이라도 생긴 게 아닐까? 잠깐. 배에는 구멍이 뚫려 있었지! 오! 제발 저희 아이들을 도와주세요.'

깜짝 놀란 농부는 정신없이 호숫가로 달려갔답니다. 다행히 두 아들은 아무 일 없다는 듯 뱃놀이를 즐기고 있었어요. 농부는 놀란 가슴을 쓸어내리고 두 아들을 호숫가로 불렀어요.

"죄송해요. 너무 재밌어서 시간 가는 줄을 몰랐어요."

아들을 잃을 뻔한 농부는 두 아들을 품에 꼭 안았어요. 그리고 배를 뒤집어 바닥을 보고는 코끝이 찡해지고 말았답니다. 배 밑창의 구멍은 흔적도 없이 사라지고 매끈하게 칠이 되어 있었거든요.

'이 모든 게 칠장이 어르신 덕분이야.'

농부는 감사의 눈물을 흘렸답니다.

인물관계도 예시 답안

모든 일은 제때 처리해야 한다고 생각했을 것입니다.

○ 가이드 tip · 질문의 의도

답변이 될 수 있는 4개의 문장은 구멍 난 배를 수리하지 않고 방치했던 주인공 농부가 칠장이의 정성 덕분에 두 아들의 목숨을 구하게 된 과정을 따라가면서 어떤 기분을 느꼈을지 상상해 보도록 구성되었습니다.

① 주인공의 감정 따라 쓰기 → ② 주인공이 무엇을 걱정했는지 이해하기 → ③ 주인공 행동의 이유 생각하기 → ④ 내가 주인공이었다면 어떤 기분을 느꼈을지 상상하기

를 통해 사소한 행동이 가져올 수 있는 큰 결과에 대해 생각해 보도록 도와주세요.

읽기 전 생각해 볼 것들

본문을 읽기 전 제목, 삽화, 어려운 말 풀이를 보면서 본문의 내용을 유추하게 해 주세요.

1. 제목을 보고 본문이 어떤 내용일지 미리 이야기 나누어 볼까요.

2. 삽화에 등장하는 붓을 든 남자가 누구인지 어떤 일을 하고 있었는지 유추해 볼까요.

3. 단어 뜻풀이에 나오는 '칠장이'처럼 '-장이'를 붙이는 단어들을 좀 더 찾아볼까요.

참고하세요 · 본책 p.67 정답 예시

1 이야기와 만나는 문장 쓰기 · 주인공 농부의 생각을 따라 써봅니다. (왼쪽 파란색 문장 따라 쓰기)

2 이해하는 문장 쓰기 · 농부의 걱정이 무엇인지 이해합니다.

예시 농부는 두 아들이 호수에 빠졌을까봐 걱정했습니다.

3 생각을 발견하는 문장 쓰기 · 농부가 걱정했던 이유가 무엇 때문이었는지 확인합니다.

예시1 왜냐하면 농부가 호수에서 배를 끌어내다가 배 밑창에 구멍을 냈기 때문입니다.

예시2 왜냐하면 농부가 배 밑창에 생긴 구멍을 바로 메우지 않았기 때문입니다.

4 상상하는 문장 쓰기 · 자신이 제때 일을 하지 않아 두 아들을 잃을 뻔했던 농부가 아이들이 무사한 것을 보고 어떤 기분이 들었을지 상상해 봅니다.

예시1 내가 농부라면 배 밑바닥 구멍을 막고 칠을 한 칠장이에게 매우 고마운 마음이 들었을 것입니다.

예시2 내가 농부라면 무엇이든 미루지 않고 바로 일을 처리해야 한다는 사실을 깨달았을 것입니다.

모아쓰기 · 네 개의 문장을 이어서 하나의 문단을 완성합니다.

예시1 '오! 제발 저희 아이들을 도와주세요.'
농부는 두 아들이 호수에 빠졌을까봐 걱정했습니다. 왜냐하면 농부가 호수에서 배를 끌어내다가 배 밑창에 구멍을 냈기 때문입니다. 내가 농부라면 배 밑바닥 구멍을 막고 칠을 한 칠장이에게 매우 고마운 마음이 들었을 것입니다.

예시2 '오! 제발 저희 아이들을 도와주세요.'
농부는 두 아들이 호수에 빠졌을까봐 걱정했습니다. 왜냐하면 농부가 배 밑창에 생긴 구멍을 바로 메우지 않았기 때문입니다. 내가 농부라면 무엇이든 미루지 않고 바로 일을 처리해야 한다는 사실을 깨달았을 것입니다.

가이드의 읽을거리 ● 본문에 나온 농부는 '나중에 하면 되겠지'라고 생각했다가 사랑하는 두 아들을 잃을 뻔하는 위기를 겪습니다. 다행히 나이 많은 칠장이가 배를 깨끗하게 칠해 놓았을 뿐 아니라 구멍까지 메워 줘 걱정했던 일은 일어나지 않았지요. 농부가 사소하다고 넘긴 일을 칠장이는 놓치지 않았습니다. 칠장이가 겉만 번지르르하게 일을 한 게 아니라 배 밑창까지 꼼꼼히 손질하면서 위기를 모면할 수 있었습니다.

사소한 일이라고, 또 눈에 보이지 않는 일이라고 쉽게 지나쳤던 적은 없는지 이야기해 보세요. 또 이런 태도가 어떤 결과를 가져올 수 있는지 다양한 경우를 떠올려 보면서 태도의 중요성을 학습할 수 있도록 지도해 주세요.

부모님, 선생님도 함께 읽고 아이들과 나누고 싶은 이야기를 생각해 보세요.

모든 행동에는 이유가 있다

어느 시골 마을에 검소하기로 둘째가라면 서러운 부자가 살았어요. 부자는 절약이 몸에 배어 있어서 웬만해서는 지갑을 열지 않았답니다. 하지만 부자는 종종 마을에 큰일이 있을 때면 아낌없이 자신의 재산을 내놓았어요. 마을 사람들은 그런 부자를 매우 존경하고 좋아했지요. 하루는 부자에게 도시로 이사를 간 친구가 편지를 보내왔어요.

〈친구여, 잘 지내고 있는가? 나는 잘 지내고 있다네. 이곳 도시는 우리가 살던 시골과는 매우 달라. 사람들도 많고 신기한 물건들도 많아서 심심할 틈이 없지. 시간이 허락한다면 이곳으로 놀러 오게. 자네에게 소개해 주고 싶은 곳이 정말 많다네.〉

친구의 초대를 받은 부자는 여러 날 고민 끝에 도시에 가 보기로 결정했어요. 친구는 반가운 마음에 부자가 오기만을 손꼽아 기다렸어요. 그리고 부자가 도착하기로 한 날, 마중 나온 친구는 깜짝 놀라고 말았답니다.

"자네, 꼴이 이게 뭔가?"

친구 앞에 나타난 부자는 다 낡은 옷을 입은 거지꼴이었거든요. 친구는 부자가 도시로 오는 길에 혹시 강도를 만난 것은 아닐까하는 걱정까지 들었어요.

"괜찮은 건가? 정말 아무 일도 없었던 게 맞나?"

부자는 빙긋이 웃으며 대답했어요.

"걱정 말게나, 친구. 내게는 아무 일이 없었어."

"그럼 처음부터 이런 차림으로 왔단 말인가? 여기는 우리가 살던 한적한 시골이 아닐세. 어딜 가나 사람들로 북적이는 도시란 말이야. 알기나 하는가?"

친구는 답답해 죽겠다는 듯 부자의 옷차림을 보며 핀잔인지 걱정인지 모를 말을 쏟아냈어요.

친구의 말에 부자는 손사래를 치며 말했지요.

"어휴. 별 걱정을 다하는구먼. 이렇게 많은 사람들 중에서 나를 아는 사람은 자네밖에 없어. 그런데 무슨 걱정인가? 내가 어떻게 입든 사람들이 나를 모르는 이상 내 이름에 먹칠할 일은 없다 이 말일세."

친구는 부자의 말에 할 말을 잃고 헛웃음만 지을 뿐이었어요. 어쩔 수 없이 다 낡은 옷을 입은 부자를 데리고 도시의 이곳저곳을 구경하러 다녔답니다.

몇 달 뒤 이번에는 친구가 시골에 왔어요. 복잡한 도시에서 잠시 벗어나 휴식을 취하기 위해서였지요. 시골에 온 친구는 가장 먼저 부자를 찾았어요. 부자를 만나러 온 친구는 또 한 번 깜짝 놀라고 말았어요. 부자는 이번에도 도시에서 본 것처럼 다 떨어진 옷을 입고 있었기 때문이에요.

"여보게. 지난번 도시에서는 사람들이 자네를 모른다 해도 이곳에서는 모두 자네를 알고 있지 않은가? 왜 여기서도 다 떨어진 옷을 입고 다니는 건가?"

부자는 별 소리를 다한다는 표정으로 대답했어요.

"몰라서 하는 소린가? 당연히 여기서는 모두들 내가 누군지 알고 있지. 모두 내가 마을에서 제일가는 자린고비 부자라는 걸 알고 있다네. 그러니 굳이 좋은 옷을 입고 다닐 이유가 있는가?"

부자의 말에 친구는 '허허허' 웃고 말았습니다.

마을의 일을 위해서라면 큰돈을 내놓는 부자가 자신을 위해서는 한 푼이라도 아끼려 하는 모습에 정이 들었기 때문일까요? 그날 이후 친구는 부자와 더욱 돈독한 사이가 되었답니다.

인물관계도 예시 답안

사람을 겉만 보고 판단해서는 안 된다는 생각이 들었습니다.

답변이 될 수 있는 4개의 문장은 도시에서나 시골에서 모두 똑같이 낡은 옷을 입은 부자의 태도를 이해하고 이를 바라보는 친구의 입장이 되어 보도록 구성되었습니다.

> ① 주인공의 주요 대화문 따라 쓰기 → ② 주인공의 행동을 이해하며 쓰기 → ③ 주인공 행동의 이유 생각하기 → ④ 내가 부자의 친구였다면 각각 어떤 기분을 느꼈을지 상상하기

를 통해 엉뚱하게만 보이는 행동의 진짜 이유를 이해할 수 있도록 도와 주세요.

읽기 전 생각해 볼 것들

본문을 읽기 전 제목, 삽화, 어려운 말 풀이를 보면서 본문의 내용을 유추하게 해 주세요.

1. '모든 행동에는 이유가 있다'는 말의 의미는 무엇일지 미리 이야기 나누어 볼까요.

2. 삽화에 등장하는 인물들이 어떤 관계인지, 무슨 대화를 하는지 유추해 볼까요.

3. 단어 뜻풀이에 나오는 '검소'와 '자린고비'는 어떤 차이가 있을지 생각해 볼까요.

✎ 참고하세요　본책 p.71 정답 예시

1 이야기와 만나는 문장 쓰기　주인공인 부자와 친구의 주요 대화문을 따라 써봅니다. (왼쪽 파란색 문장 따라 쓰기)

2 이해하는 문장 쓰기　부자가 도시와 시골에서 각각 어떤 모습으로 친구를 만났는지 확인합니다.

예시 부자는 도시와 시골 모두에서 다 낡은 옷을 입고 다녔습니다.

3 생각을 발견하는 문장 쓰기　부자가 왜 그렇게 행동했는지 그 이유를 생각합니다.

예시1 왜냐하면 도시에서는 자신을 알아볼 사람이 아무도 없고 시골에서는 모두가 알아보기 때문이라고 했습니다.

예시2 왜냐하면 도시에서도 시골에서도 다른 사람의 눈치를 볼 필요가 없었기 때문입니다.

4 상상하는 문장 쓰기　허름한 옷을 입은 부자를 도시에서 만났을 때와 시골에서 다시 만났을 때 어떤 기분일지 상상해 봅니다.

예시1 내가 부자의 친구였다면 처음에는 부자가 부끄러울 수도 있지만 나중에는 자랑스러웠을 것 같습니다.

예시2 내가 부자의 친구였다면 도시에서는 부자가 싫었지만 시골에서는 부자의 마음을 이해하고 다시 좋아졌을 것 같습니다.

모아쓰기　네 개의 문장을 이어서 하나의 문단을 완성합니다.

예시1 "그러니 굳이 좋은 옷을 입고 다닐 이유가 있는가?"
부자는 도시와 시골 모두에서 다 낡은 옷을 입고 다녔습니다. 왜냐하면 도시에서는 자신을 알아볼 사람이 아무도 없고 시골에서는 모두가 알아보기 때문이라고 했습니다. 내가 부자의 친구였다면 처음에는 부자가 부끄러울 수도 있지만 나중에는 자랑스러웠을 것 같습니다.

예시2 "그러니 굳이 좋은 옷을 입고 다닐 이유가 있는가?"
부자는 도시와 시골 모두에서 다 낡은 옷을 입고 다녔습니다. 왜냐하면 도시에서도 시골에서도 다른 사람의 눈치를 볼 필요가 없었기 때문입니다. 내가 부자의 친구였다면 도시에서는 부자가 싫었지만 시골에서는 부자의 마음을 이해하고 다시 좋아졌을 것 같습니다.

가이드의 읽을거리 ● 시골 부자는 도시에서 낡은 옷을 입고 다니며 친구 망신을 시킵니다. 아무도 알아볼 사람이 없다면서 말이지요. 하지만 도시에서와 마찬가지로 시골에서도 낡은 옷을 입고 다니는데요. 이번에는 모두가 자신을 알아봐서라고 말합니다. 탈무드에는 재치와 유머로 가득 찬 이야기들이 많습니다. 이번 이야기 역시 부자의 재치를 엿볼 수 있습니다. 부자의 말이 '귀에 걸면 귀걸이 코에 걸면 코걸이'라 할지라도 외모보다 더 중요한 일에 돈을 쓴다는 신념과 어디서나 당당한 태도는 아이들에게도 멋있게 보이지 않을까요? 의외의 행동을 한 사람의 진심을 알고 이해해 본 경험을 함께 나눠 보세요.

부모님, 선생님도 함께 읽고 아이들과 나누고 싶은 이야기를 생각해 보세요.

나쁜 일과 좋은 일은 생각의 차이

한 랍비가 긴 여행을 준비했어요. 랍비는 새로운 마을에 정착해 아이들을 가르칠 계획이었거든요. 랍비가 가려는 마을은 지금 살고 있는 곳과는 꽤 멀리 떨어져 있어서 적어도 일주일은 걸어가야 했어요.

랍비는 모든 짐을 챙긴 후 당나귀의 등에 짐을 실었어요. 해가 지면 필요한 작은 램프도 챙겼지요. 그리고 오랫동안 함께해 온 개 한 마리를 데리고 여행을 떠났어요.

한참 길을 가던 랍비는 날이 저물 때가 되어 주위를 둘러보았어요. 마침 마을 어귀에는 빈 헛간이 하나 있었어요.

"오늘은 여기서 하루를 보내 볼까?"

랍비는 당나귀와 개를 헛간 앞에 매어 놓았어요. 자신은 헛간 안으로 들어와 작은 램프를 켰어요. 그러고는 지푸라기를 그러모아 임시 잠자리를 마련했어요. 랍비는 잠자리에 들기 전 늘 그랬듯이 책을 꺼내들고 읽기 시작했어요. 30분 정도 지났을까요. 갑자기 '휘익'하는 소리와 함께 램프가 꺼지고 말았어요.

'갑자기 웬 바람이지? 그만 자라는 뜻인가 보군. 마침 피곤했는데 잘 됐다. 오늘은 이만하고 잠자리에 들어야지.'

피곤했던 랍비는 램프가 꺼지자 이불을 머리끝까지 뒤집어쓰고는 깊은 잠에 빠져들었어요.

다음 날 아침, 잠에서 깬 랍비는 헛간 밖으로 나왔다가 깜짝 놀라고 말았어요. 밤사이 산에서 내려온 동물들이 당나귀와 개를 물어가 버렸거든요. 헛간 밖에는 당나귀와 개가 흘린 게 분명한 핏자국이 선명했어요. 핏자국 사이사이에는 커다란 동물 발자국이 찍혀 있었지요.

'이건 사자 발자국이 분명해. 간밤에 사자 무리가 당나귀와 개를 물고 가 버렸어. 하늘도 무심하시지 이제 내게 남은 재산이라고는 이 램프가 전부구나.'

랍비는 한숨을 푹 쉬고는 터벅터벅 힘겹게 걸어 마을로 들어갔어요. 한데, 이게 웬일일까요? 마을은 조용하기 그지없고 길가 여기저기에는 온갖 물건들이 부서진 채 널려 있었어요. 그때 한 여인이 슬피 우는 소리가 들렸어요. 랍비는 소리가 나는 집으로 뛰어가 보았어요.

"저는 지나가는 랍비입니다. 왜 이렇게 슬피 울고 계신 겁니까?"

울먹이는 여인이 말했어요.

"흑흑, 선생님. 세상에 이런 일이 또 있을까요? 어젯밤에 흉악한 도둑들이 떼 지어 마을로 들어오는 바람에 재산이란 재산은 모두 뺏기고, 마을의 남자란 남자는 모두 죽임을 당했습니다. 흐흐흑."

여인의 말을 들은 랍비는 마음이 쿵 내려앉았어요.

'어젯밤 램프가 바람에 꺼지지 않았다면 난 밤늦게까지 책을 읽었을 테고, 마을로 들어가던 도둑들이 나를 그냥 지나쳤을 리가 없어. 도둑들이 나를 봤다면 나 역시 저 세상으로 갔을 게 뻔해. 또 어젯밤에 사자들이 내려와 개와 당나귀를 잡아가지 않았다면 도둑들이 왔을 때 개가 짖고 당나귀가 난리를 피웠을 거야. 그럼 마찬가지로 도둑들한테 들켜 난 이 세상 사람이 아니었겠지.'

랍비는 그제야 자기가 가진 모든 것을 잃은 덕분에 하나밖에 없는 목숨을 건질 수 있었다는 사실을 깨달았어요. 잠시나마 신을 원망했던 자신이 부끄러웠지요.

'나쁜 일은 언제든 좋은 일로 바뀔 수 있어. 좋은 일도 언제든 나쁜 일로 바뀔 수 있지. 좋은 일과 나쁜 일은 아주 작은 차이일 뿐이야. 결국, 나쁜 일도 좋은 일도 내가 만들어 낸 생각일 뿐이로구나.'

인물관계도 예시 답안

목숨을 건질 수 있어서 오히려 다행이라고 느꼈을 것입니다.

34

가이드 tip 질문의 의도

답변이 될 수 있는 4개의 문장은 주인공 랍비가 처음에는 자신이 불행하다고 생각했다가 나중에는 목숨을 건져 다행이라고 안도하는 과정으로 주제를 이해할 수 있게 구성되었습니다.

> ① 주인공의 생각 따라 쓰기 → ② 목숨을 건진 주인공의 감정 이해하기 → ③ 주인공이 그렇게 생각한 이유 확인하기 → ④ 내가 주인공이었다면 어떤 기분이었을지 상상하기

를 통해 좋고 나쁜 상황이란 없고 단지 좋고 나쁜 생각만 있을 뿐이라는 깨달음을 이해하도록 도와주세요.

읽기 전 생각해 볼 것들

본문을 읽기 전 제목, 삽화, 어려운 말 풀이를 보면서 본문의 내용을 유추하게 해 주세요.

1. '나쁜 일과 좋은 일은 생각의 차이'라는 말의 의미는 무엇일지 미리 이야기 나누어 볼까요.

2. 삽화에 등장하는 인물들이 무슨 말을 하고 있는지 유추해 볼까요.

3. 단어 뜻풀이에 나오는 '램프'를 보고 전기 없이 살던 시절을 상상해 볼까요.

참고하세요 본책 p.75 정답 예시

1 이야기와 만나는 문장 쓰기 주인공 랍비의 생각을 따라 써 봅니다. (왼쪽 파란색 문장 따라 쓰기)

2 이해하는 문장 쓰기 모든 것을 다 잃은 줄 알았던 랍비가 그로 인해 목숨을 건졌다는 사실을 알고 느꼈던 감정을 확인합니다.

> 예시 랍비는 잠시나마 신을 원망했던 자신이 부끄러웠습니다.

3 생각을 발견하는 문장 쓰기 랍비가 그렇게 생각한 이유를 이해합니다.

> 예시1 왜냐하면 개와 당나귀를 잃지 않았다면 자신이 목숨을 잃었을 것이기 때문입니다.

> 예시2 왜냐하면 사자무리가 개와 당나귀를 잡아가서 도둑에게 들키지 않을 수 있었기 때문입니다.

4 상상하는 문장 쓰기 자신이 랍비라면 모든 걸 잃은 줄 알았다가 그렇지 않다는 것을 깨달을 때 어떤 기분일지 상상해 봅니다.

> 예시1 내가 랍비라면 신에게 사과하고 싶다고 느꼈을 것 같습니다.

> 예시2 내가 랍비라면 목숨을 잃지 않아 다행스러운 기분이 들었을 것 같습니다.

모아쓰기 네 개의 문장을 이어서 하나의 문단을 완성합니다.

> 예시1 '결국 나쁜 일도 좋은 일도 내가 만들어 낸 생각일 뿐이로구나.'
> 랍비는 잠시나마 신을 원망했던 자신이 부끄러웠습니다. 왜냐하면 개와 당나귀를 잃지 않았다면 자신이 목숨을 잃었을 것이기 때문입니다. 내가 랍비라면 신에게 사과하고 싶다고 느꼈을 것 같습니다.

> 예시2 '결국 나쁜 일도 좋은 일도 내가 만들어 낸 생각일 뿐이로구나.'
> 랍비는 잠시나마 신을 원망했던 자신이 부끄러웠습니다. 왜냐하면 사자무리가 개와 당나귀를 잡아가서 도둑에게 들키지 않을 수 있었기 때문입니다. 내가 랍비라면 목숨을 잃지 않아 다행스러운 기분이 들었을 것 같습니다.

가이드의 읽을거리 ● 제목처럼 이 이야기는 좋은 일과 나쁜 일이 결국은 생각에 달렸다는 것을 보여줍니다. 가난한 랍비가 모든 것을 잃었지만 결국 자신이 목숨을 건진 이유가 바로 그 모든 것을 잃었기 때문이라는 걸 깨달은 순간, 무엇을 느꼈을까요?

아이들뿐만 아니라 인간이라면 누구나 좋다, 나쁘다라는 생각을 끊임없이 하면서 살아갑니다. 하지만 랍비의 이야기처럼 좋거나 나쁜 것은 외부적인 상황에서 비롯된 게 아니라 결국 자신의 생각에서 나오는 얕은 판단에 불과하지요.

처음에는 좋았다가 나중에는 나빴던 기억이 있는지, 또 반대로 처음에는 나쁜 일이었는데 나중에는 좋은 일로 바뀐 일이 있는지 이야기 나눠 보세요. 그럴 때마다 어떻게 반응하면 좋을지도 물어서 주제를 이해시켜 주세요.

다른 시간 같은 대가

어느 마을에 큰 부자가 살았어요. 부자는 한참을 걸어가야 끝이 보일 정도로 너른 포도밭을 가지고 있었지요. 포도밭이 얼마나 넓었던지 마을 사람들 대부분이 부자의 포도밭에서 일을 했어요. 하지만 부자는 다른 일로 바쁜 탓에, 포도밭 관리는 모두 부자의 동생에게 맡겼답니다.

그러던 어느 날이었어요. 부자가 아주 오랜만에 포도밭에 들렀어요. 포도밭에는 주렁주렁 열린 포도를 수확하려는 많은 일꾼들이 있었어요. 일꾼들은 인원을 나누어 포도를 따고 나르는 일을 했는데요. 제각각 속도가 다르고 일하는 모습도 천차만별이었어요. 어떤 일꾼들은 이야기를 하느라 일은 뒷전이었고요. 어떤 일꾼들은 묵묵히 자기 몫의 일을 하고 있었지요. 일꾼들은 포도밭 주인이 나타난 줄은 꿈에도 모른 채 이런저런 잡담을 했어요.

"저기 저 새로 온 친구는 왜 저렇게 열심히 일한대?"

"그러게. 저래봤자 받는 돈은 똑같은데 유별나게도 구는군."

대화를 들은 부자는 두 사람이 눈짓으로 가리켰던 새로 들어온 일꾼 하나를 유심히 보았어요. 새로 들어왔다는 일꾼은 정말 남들보다 두 배는 빠른 속도로 포도를 따고 있었어요. 손놀림이 빨라 손이 눈에 보이지 않을 정도였지요.

부자는 일꾼들이 눈치채지 않도록 새로 들어온 일꾼에게 가까이 가 보았어요.

'오, 빠르기만 한 게 아니라 정확하기까지 하군.'

새로 온 일꾼은 다른 사람이 뭐라고 하든 아랑곳하지 않고 열심히 자기 일을 하고 있었어요. 부자가 보기에는 남들보다 두세 배는 더 많은 일을 하는 듯 보였지요. 호기심이 생긴 부자는 집으로 돌아와 동생에게 새로 들어온 일꾼에 대해 물었어요.

"새로 들어온 친구를 보셨군요! 젊은 친구가 손도 빠르고 일을 제대로 해서 믿고 맡길 수 있죠."

동생 역시 칭찬을 아끼지 않았어요. 부자는 동생에게 새로 들어온 일꾼을 지금 당장 집으로 불러오라고 말했어요. 부자의 말대로 동생은 젊은 일꾼을 집으로 데리고 왔어요.

부자는 새로 들어온 일꾼과 집 앞 정원을 산책하면서 이런저런 이야기를 나누었어요. 새로 들어온 일꾼은 포도밭 농사에 대해 굉장한 자부심을 가지고 있었어요. 마치 자신이 포도밭의 주인인 것처럼 남다른 애정을 가지고 있었죠.

한참 이야기를 나누다 보니 어느덧 해 질 녘이 되었어요. 새로 들어온 일꾼을 포도밭으로 돌려보낸 부자는 동생을 불러 오늘은 자신이 직접 품삯을 나눠 주겠다고 말했어요.

포도밭에는 일을 끝낸 일꾼들이 그날 일에 대한 품삯을 받기 위해 길게 줄을 서 있었어요. 부자는 일꾼 한 사람 한 사람에게 인사를 건네며 직접 품삯을 전해 주었어요. 그리고 맨 마지막에 서 있던 새로 들어온 일꾼에게도 똑같이 품삯을 주었지요. 그 모습을 본 일꾼들 중 한 명이 부자에게 큰 소리로 말했어요.

"종일 일한 우리가 왜 오후 내내 코빼기도 안 보인 사람과 같은 품삯을 받아야 하죠?"

"맞아요! 이건 너무 불공평해요."

여기저기서 불평하는 말들이 쏟아져 나왔어요.

"이 친구가 반나절 동안 한 일은 여러분이 종일 일한 양보다 많았소. 불공평하다는 말은 똑같은 시간 동안 두세 배의 일을 해 온 이 친구가 해야 할 말이 아니오? **중요한 건 얼마나 오래 일했는지보다 얼마나 많은 일을 했는가요.** 원칙대로라면 이 친구는 앞으로 여러분보다 두 배는 더 많이 받아야 할 거요."

부자의 말에 일꾼들은 아무런 대꾸도 못하고 서둘러 집으로 돌아갔답니다.

인물관계도 예시 답안

새로운 일꾼이 반나절을 일해도 남들보다 더 많은 일을 했기 때문입니다.

답변이 될 수 있는 4개의 문장은 본문의 주제 문장을 따라 써 보고 주인공이 내세우는 기준의 합당 여부를 생각해 보기 위해 구성되었습니다.

> ① 주제 문장 따라 쓰기 → ② 주인공의 행동 이해하기 → ③ 등장인물의 감정 헤아리기 → ④ 주인공의 생각에 대해 어떻게 대답할지 상상하기

를 통해 제시된 규범이 적절한지 스스로 판단해 보도록 지도해 주세요.

읽기 전 생각해 볼 것들

본문을 읽기 전 제목, 삽화, 어려운 말 풀이를 보면서 본문의 내용을 유추하게 해 주세요.

1. 제목을 보고 본문이 어떤 내용일지 미리 이야기 나누어 볼까요.

2. 삽화 속 세 사람은 왜 화가 났을지 유추해 볼까요.

3. 단어 뜻풀이에 나오는 '천차만별'을 활용해 새로운 문장을 만들어 볼까요.

✎ 참고하세요 본책 p.81 정답 예시

1 이야기와 만나는 문장 쓰기 일에 대한 주인공의 주요 가치기준을 따라 써 봅니다. (왼쪽 파란색 문장 따라 쓰기)

2 이해하는 문장 쓰기 주인공 부자가 어떤 행동을 했는지 이해합니다.

예시 부자는 새로 들어온 일꾼과 종일 일한 일꾼들에게 같은 품삯을 주었습니다.

3 생각을 발견하는 문장 쓰기 종일 일한 다른 일꾼들의 입장에서 생각해 봅니다.

예시1 종일 일한 일꾼들은 기분이 무척 나빴을 것입니다.

예시2 종일 일한 일꾼들은 다시 일하고 싶은 기분이 들지 않았을 것입니다.

4 상상하는 문장 쓰기 내가 원래의 일꾼이었다면 부자의 말을 듣고 어떻게 대답했을지 상상해 봅니다.

예시1 내가 원래의 일꾼이라면 부자의 말도 맞지만 일을 하는 시간 역시 중요하다고 답하겠습니다.

예시2 내가 원래의 일꾼이라면 능력에 상관없이 열심히 일한 사람들은 그만큼 대가를 받아야 한다고 하겠습니다.

모아쓰기 네 개의 문장을 이어서 하나의 문단을 완성합니다.

예시1 "중요한 건 얼마나 오래 일했는지보다 얼마나 많은 일을 했는가요."
부자는 새로 들어온 일꾼과 종일 일한 일꾼들에게 같은 품삯을 주었습니다. 종일 일한 일꾼들은 기분이 무척 나빴을 것입니다. 내가 원래의 일꾼이라면 부자의 말도 맞지만 일을 하는 시간 역시 중요하다고 답하겠습니다.

예시2 "중요한 건 얼마나 오래 일했는지보다 얼마나 많은 일을 했는가요."
부자는 새로 들어온 일꾼과 종일 일한 일꾼들에게 같은 품삯을 주었습니다. 종일 일한 일꾼들은 다시 일하고 싶은 기분이 들지 않았을 것입니다. 내가 원래의 일꾼이라면 능력에 상관없이 열심히 일한 사람들은 그만큼 대가를 받아야 한다고 하겠습니다.

가이드의 읽을거리 ● "중요한 건 일한 시간이 아니라 일의 양이다."
부자가 제시한 규범은 어찌 보면 당연합니다. 빨리 많은 양의 일을 하는 부지런한 일꾼이 게으름을 피우며 제대로 일하지 않는 일꾼과 같은 품삯을 받는 건 정말 불공평한 일일 테니까요. 어영부영 시간만 보내고 품삯을 받았던 일꾼들도 이 일을 계기로 조금은 반성하지 않았을까요? 반대로 이 일을 통해 일꾼들이 다른 불만을 품지는 않을지 걱정입니다. 오히려 젊은 일꾼에게 해코지를 할 수도 있으니까요.
'개미와 배짱이'처럼 시대에 따라서 달리 읽히는 이야기들이 많습니다. 어떤 시점에서 또 누구의 입장에서 상황을 바라보느냐에 따라 전혀 다른 생각을 가질 수 있지요. 부자와 새로 온 일꾼, 다른 일꾼들의 입장에서 다양한 의견을 제시하도록 독려해 주세요.

열일곱 번째 이야기

다이아몬드의 주인은 누구일까?

옛날 어느 마을에 아주 가난한 랍비가 살았어요. 랍비는 야자나무 열매를 시장에 내다 판 돈으로 겨우 먹고 살 정도였지요.

랍비에게는 꿈이 하나 있었습니다. 바로 낙타 한 마리를 사는 것이었어요. 낙타를 사기 위해 랍비는 야자나무 열매를 팔고 남은 돈을 꼬박꼬박 항아리에 모았답니다. 먹고 싶은 음식도 꾹 참고 끼니를 줄여가면서 말이에요.

'낙타만 사면 야자나무 열매를 파는 데에 긴 시간을 보내지 않아도 될 거야.'

랍비는 야자나무 열매를 들고 시장을 오고가는 시간을 아끼면, 탈무드를 더 많이 공부할 수 있겠다고 생각했어요.

그러던 어느 날이었어요.

"이 정도면 낙타 한 마리는 거뜬히 살 수 있을 거야!"

드디어 항아리 가득 돈이 찬 걸 본 랍비는 아이처럼 기뻐하며 소리쳤어요. 랍비는 곧장 항아리를 들고 시장으로 갔어요. 마침 시장에는 튼튼하고 값이 적당한 낙타가 나와 있었어요.

"이 낙타를 사고 싶어요."

랍비가 낙타 한 마리를 가리키며 상인에게 말했어요. 낙타 상인이 랍비에게 값을 알려 주었고 랍비는 보자기에 쌓여 있던 항아리를 꺼내 하나하나 돈을 세어 넘겨주었어요. 그 모습을 본 낙타 상인이 빙긋이 웃으며 말했어요.

"안장은 필요 없으신가요?"

"그게……, 안장 값까지는 모으지를 못해서요."

랍비가 얼굴을 붉히며 말했어요.

"걱정 마세요. 첫 손님에게는 안장을 선물로 드리니까요."

낙타 상인은 랍비가 대답도 하기 전에 낙타 등에 안장을 얹었어요. 랍비는 깜짝 놀라 쳐다보며 말했어요.

"이걸 제가 받아도 될지 모르겠습니다."

주저하는 랍비에게 낙타 상인이 대답했어요.

"낙타 값에 포함된 것이니 걱정 마세요. 자, 거절 말고 어서 낙타를 타 보세요."

랍비는 낙타 등에 올라탔어요.

"그럼 고맙게 잘 쓰겠습니다."

낙타를 타고 집으로 돌아온 랍비에게 소식을 전해들은 제자들이 몰려왔어요. 제자들은 낙타를 산 랍비에게 축하를 건네며 낙타를 구경했어요. 그러다 한 제자가 안장 아래에서 빛나는 무언가를 발견했어요.

"선생님, 이건 다이아몬드예요!"

제자의 손바닥 위에는 정말 콩알만 한 다이아몬드가 놓여 있었어요.

"선생님은 이제 부자세요. 더 이상 야자나무 열매를 팔지 않으셔도 된다고요!"

흥분한 제자의 말에도 아랑곳없이 랍비는 다이아몬드를 손에 쥐더니 다급히 낙타를 타고 다시 시장으로 떠났어요. 그러곤 여전히 같은 자리에서 낙타를 팔고 있는 상인에게 다가가 다이아몬드를 돌려주었어요. 그러자 낙타 상인이 말했어요.

"선생님께 낙타를 팔고 안장도 드렸으니 거기서 나온 다이아몬드도 선생님의 것이지요."

하지만 랍비는 생각이 달랐어요.

"전 낙타를 샀을 뿐 다이아몬드를 산 것이 아닙니다. 탈무드에는 다른 사람의 물건을 탐내서는 안 된다고 적혀 있습니다. 그러니 이건 다시 돌려드리겠습니다."

낙타 상인이 말렸지만 랍비는 끝내 다이아몬드를 받지 않았답니다.

인물관계도 예시 답안

곧장 낙타 상인에게 달려가 다이아몬드를 돌려주었습니다.

답변이 될 수 있는 4개의 문장은 본문에 등장하는 랍비와 낙타 상인이 서로에게 다이아몬드를 양보하는 모습을 통해 다이아몬드보다 귀한 가치는 무엇인지 생각해 보도록 구성되었습니다.

> ① 주인공의 주요 대화문 따라 쓰기 → ② 주인공의 구체적인 행동 이해하기 → ③ 주인공의 행동에 대해 생각하기 → ④ 내가 주인공이었다면 어떻게 행동했을지 상상하기

를 통해 규범의 우선순위에 대해 질문해 볼 수 있도록 지도해 주세요.

읽기 전 생각해 볼 것들

본문을 읽기 전 제목, 삽화, 어려운 말 풀이를 보면서 본문의 내용을 유추하게 해 주세요.

1. 제목을 보고 본문이 어떤 내용일지 미리 이야기 나누어 볼까요.

2. 검은 옷을 입은 사람은 왜 다이아몬드를 들고 있는지 유추해 볼까요.

3. 단어 뜻풀이에 나오는 '끼니'를 활용해 새로운 문장을 만들어 볼까요.

✎ 참고하세요 본책 p.85 정답 예시

1 [이야기와 만나는 문장 쓰기] 주인공의 주요 대화문을 따라 써봅니다. (왼쪽 파란색 문장 따라 쓰기)

2 [이해하는 문장 쓰기] 다이아몬드를 발견한 랍비의 이후 행동을 이해합니다.
[예시] 랍비는 안장 아래 있던 다이아몬드를 낙타 상인에게 다시 돌려주었습니다.

3 [생각을 발견하는 문장 쓰기] 낙타 상인의 입장에서 랍비의 행동에 대해 생각합니다.
[예시 1] 낙타 상인은 랍비가 매우 정직한 사람이라고 생각했을 것입니다.
[예시 2] 낙타 상인은 랍비가 꽉 막힌 사람이라고 생각했을 것입니다.

4 [상상하는 문장 쓰기] 내가 랍비였다면 다이아몬드를 어떻게 했을지 상상해 봅니다.
[예시 1] 내가 랍비였다면 다이아몬드를 가져가서 많은 사람들을 돕는 일에 쓰도록 하겠습니다.
[예시 2] 내가 랍비였다면 다이아몬드를 돈으로 바꾼 후 반으로 나누어 갖겠습니다.

[모아쓰기] 네 개의 문장을 이어서 하나의 문단을 완성합니다.

[예시 1] "전 낙타를 샀을 뿐 다이아몬드를 산 것이 아닙니다."
랍비는 안장 아래 있던 다이아몬드를 낙타 상인에게 다시 돌려주었습니다. 낙타 상인은 랍비가 매우 정직한 사람이라고 생각했을 것입니다. (하지만) 내가 랍비였다면 다이아몬드를 가져가서 많은 사람들을 돕는 일에 쓰도록 하겠습니다.

[예시 2] "전 낙타를 샀을 뿐 다이아몬드를 산 것이 아닙니다."
랍비는 안장 아래 있던 다이아몬드를 낙타 상인에게 다시 돌려주었습니다. 낙타 상인은 랍비가 꽉 막힌 사람이라고 생각했을 것입니다. 내가 랍비였다면 다이아몬드를 돈으로 바꾼 후 반으로 나누어 갖겠습니다.

가이드의 읽을거리 ● 가난한 랍비가 겨우겨우 돈을 모아 낙타 한 마리를 샀습니다. 덤으로 얻은 낙타 안장에는 다이아몬드가 있었지요. 하지만 웬일인지 낙타 상인은 다이아몬드가 랍비의 것이라고 말합니다. 랍비는 아주 가난하고, 상인이 다이아몬드를 가져도 된다고까지 이야기하지만 기어이 다이아몬드를 돌려주고 맙니다.
랍비의 행동은 그가 다이아몬드보다 귀하게 여기는 가치와 규범이 무엇인지 생각해 보게 합니다. 실제로 탈무드에서는 절대로 남의 물건을 탐내서는 안 되며, 꼭 주인에게 물건을 돌려주어야 한다고 말합니다. 적극적으로 주인을 찾아주고 그 사이 보관도 잘해야 하지요. 이는 물건을 잃어버린 주인의 마음을 이해하기 위해서입니다. 너무도 고지식해 보이는 랍비의 행동이 어디에서 비롯됐는지, 그보다 우선하는 가치가 있다면 무엇일지 이야기 나눠 보세요.

유대교를 믿는 유대인들은 꼭 지켜야할 율법들이 있는데요. 예컨대 돼지고기를 먹으면 안 된다든지, 다른 종교를 가진 사람과 포도주를 마시면 안 된다 등의 것들이에요. 오랫동안 땅을 빼앗긴 채 살아온 유대인들은 자신들의 뿌리를 잊지 않기 위해 늘 성경을 곁에 두고 율법을 지키려 노력한답니다. 유대인들을 '율법의 민족'이라 부를 정도로 유대인들에게 율법은 생활의 중심이에요.

유대인들이 로마의 지배를 받을 때의 일입니다. 로마의 장군 일행과 유대인이 함께 낙타를 타고 사막을 지나고 있었어요. 사막을 여행하는 동안 로마의 장군은 유대인이 들려주는 이야기를 재미있게 듣고는 했답니다.

여행 마지막 날, 점심때가 되자 일행은 그늘막을 치고 잠시 쉬면서 점심밥을 먹기로 했어요. 로마의 장군 앞에는 두툼한 햄이 든 부드러운 빵과 포도주가 차려졌지만 유대인에게는 딱딱하게 굳은 한 조각 빵만이 남아 있었어요. 로마의 장군은 랍비의 보잘 것 없는 식사를 힐끗 보더니 말했어요.

"햄이 아주 맛있군. 양이 너무 많아 혼자서는 다 먹지 못할 것 같은데 선생도 조금 드셔보시겠소?"

"아, 아닙니다. 전 괜찮습니다."

유대인은 장군의 말에 정중히 고개 숙여 사양했어요.

햄이 든 빵을 다 먹은 장군이 이번에는 포도주 병을 들며 말했어요.

"자, 그럼 이 포도주라도 한 잔 들어 보시오."

장군은 유대인에게 포도주를 따라 주려했지만 유대인은 이번에도 여지없이 거절했어요. 유대인은 가족이 아닌 다른 사람과는 포도주를 나눠먹지 않는 율법을 지켜야 했기 때문이에요.

"선생은 배가 고프지도 목이 마르지도 않단 말이오? 아니면 내 성의를 무시하는 거요?"

로마의 장군이 묻자 유대인은 굉장히 미안해하는 표정을 지으며 이렇게 말했어요.

"아닙니다. 절대로 장군님의 성의를 무시하려던 것이 아닙니다. 저도 사람이니 배도 고프고 목도 마르지요. 그런데 저희 유대인들은 지켜야할 율법이 있습니다. 돼지고기로 만든 햄을 먹거나 가족이 아닌 사람과 포도주를 마시는 건 율법 상 금지되어 있기 때문입니다."

"어떤 상황에서도 율법을 어겨서는 안 되는 것이오?"

"물론 목숨이 위태로운 상황이라면 어쩔 수 없겠지요. 율법도 결국 살아 있어야 지킬 수 있으니까요."

유대인의 말을 들은 장군은 잠시 생각하더니 벌떡 일어나 옆에 있던 긴 칼을 칼집에서 휙 뽑아들었습니다.

"자, 지금 당장 포도주를 마시지 않으면 이 칼로 당신을 찌를 것이오."

"아, 네. 알겠습니다."

유대인은 장군의 말대로 포도주를 한 잔 따르더니 단숨에 벌컥벌컥 들이켰어요. 유대인이 포도주를 마신 후 잔을 내려놓자 장군은 칼을 칼집에 넣고는 미안해하며 말했어요.

"많이 놀랐소? 내가 장난을 좀 친 것인데 놀랐다면 사과하겠소."

그 말에 유대인이 입맛을 다시며 말했습니다.

"사과라니요. 처음부터 이렇게 해 주셨다면 더 좋았을 텐데요."

"아이쿠. 미안하오. 내가 그 생각은 못했다오."

로마의 장군과 유대인은 서로를 바라보며 하하하 크게 웃었답니다.

인물관계도 예시 답안

칼을 뽑아 들고 포도주를 마시라고 명령했습니다.

40

답변이 될 수 있는 4개의 문장은 본문에서 핵심이 되는 문장을 따라 써 보고 지키기 어려운 상황에서 지켜야 할 규범이 있을 때 어떻게 행동하면 좋을지 생각해 보도록 구성되었습니다.

> ① 주인공의 주요 대화문 따라 쓰기 → ② 주인공의 행동 이해하기 →
> ③ 등장인물의 생각 유추하기 → ④ 내가 주인공이었다면 어떻게 행동할지 상상하기

를 통해 규범을 지키기 어려운 상황을 극복하는 방법에 대해 상상해 보도록 이끌어 주세요.

읽기 전 생각해 볼 것들

본문을 읽기 전 제목, 삽화, 표시된 문장을 보면서 본문의 내용을 유추하게 해 주세요.

1. 제목을 보고 본문이 어떤 내용일지 미리 이야기 나누어 볼까요.

2. 삽화 속 장군은 왜 칼을 높이 들고 있는지 유추해 볼까요.

3. 본문 속 따라 쓰는 문장(굵은 글씨)이 어떤 상황에서 나온 말일지 상상해 볼까요.

✏️ 참고하세요 본책 p.89 정답 예시

1 | 이야기와 만나는 문장 쓰기 | 본문의 주제를 드러내는 주인공의 주요 대화를 따라 써 봅니다. (왼쪽 파란색 문장 따라 쓰기)

2 | 이해하는 문장 쓰기 | 주인공 유대인의 행동을 이해합니다.

　예시 유대인은 로마의 장군이 칼을 들고 명령하자 포도주를 마셨습니다.

3 | 생각을 발견하는 문장 쓰기 | 유대인의 설명을 들은 로마 장군의 입장에서 생각합니다.

　예시1 로마의 장군은 율법이 너무 답답하다고 생각할 것 같습니다.
　예시2 로마의 장군은 유대인들이 매우 대단하다고 생각할 것 같습니다.

4 | 상상하는 문장 쓰기 | 내가 유대인이라면 생활 속에서 율법을 어떻게 지키려고 했을지 상상해 봅니다.

　예시1 내가 유대인이라면 꼭 지켜야 하는 율법 말고 필요하지 않은 것은 지키지 않겠습니다.
　예시2 내가 유대인이라면 무슨 일이 있어도 율법을 지키겠습니다.

● 모아쓰기 | 네 개의 문장을 이어서 하나의 문단을 완성합니다.

　예시1 "율법도 결국 살아 있어야 지킬 수 있으니까요."
　유대인은 로마의 장군이 칼을 들고 명령하자 포도주를 마셨습니다. 로마의 장군은 율법이 너무 답답하다고 생각할 것 같습니다. 내가 유대인이라면 꼭 지켜야 하는 율법 말고 필요하지 않은 것은 지키지 않겠습니다.

　예시2 "율법도 결국 살아 있어야 지킬 수 있으니까요."
　유대인은 로마의 장군이 칼을 들고 명령하자 포도주를 마셨습니다. 로마의 장군은 유대인들이 매우 대단하다고 생각할 것 같습니다. 내가 유대인이라면 무슨 일이 있어도 율법을 지키겠습니다.

가이드의 읽을거리 ● 탈무드에는 재치 있고 유머러스한 이야기가 가득합니다. 동화 속의 이야기 역시 탈무드식 '유머'를 잘 보여 주고 있습니다. 이야기 속 유대인은 겉으로는 율법을 따라야 하지만 배고프고 목이 마른 탓에 속으로는 은근히 율법을 어기고 싶어 합니다. 그리고 로마의 장군이 장난을 치자 기다렸다는 듯 포도주를 마셔버리지요.

누구에게나 지켜야 할 규범이 존재합니다. 유대인에게는 율법이, 일반인들에게는 사회문화적 · 윤리적 · 법적 규범들이 있습니다. 법적인 제재를 받지 않는 규범들은 어겼다고 해서 처벌을 받지는 않지만 사회적 지탄을 받거나 내면에 변화를 일으키기도 합니다. 규범을 지키지 않아도 될 상황은 언제인지, 규범은 왜 지켜야 하는 것인지 고민해 볼 수 있도록 질문해 주세요. 꼬리에 꼬리를 무는 질문을 통해 생각이 자라나도록 말이에요.

부모님, 선생님도 함께 읽고 아이들과 나누고 싶은 이야기를 생각해 보세요.

모든 일에는 순서가 있다

어느 더운 여름날이었어요. 이른 아침부터 시장은 사람들로 북적였지요. 낙타를 팔기 위해 시장에 온 상인의 이마에도 구슬땀이 맺혔어요. 시장 한 구석에 자리를 잡은 상인은 한쪽 기둥에 낙타를 매어놓고 큰 소리로 외치기 시작했어요.

"낙타 사세요! 건강하고 튼튼한 낙타 사세요!"

"얼마 정도면 살 수 있소?"

마침 지나가던 랍비가 상인에게 가격을 물었어요. 랍비는 긴 여행을 떠나기 전 낙타가 필요했거든요.

"은화 여섯 닢이요."

상인의 말에 랍비는 눈살을 찌푸렸어요. 예상보다 비싼 값을 불렀기 때문이었지요. 랍비는 말했어요.

"은화 네 닢이면 살 것을 무슨 여섯 닢이나 한단 말이오?"

"무슨 소리 하시오? 낙타라고 다 같은 낙타인 줄 아시오?"

상인은 랍비에게 자신이 데리고 온 낙타가 얼마나 건강하고 값어치 있는지를 설명했어요. 랍비는 상인에게 다른 낙타에 비해 너무 비싸다며 가격을 낮춰 달라고 설득했고요. 상인과 랍비는 서로 원하는 가격을 내세우며 옥신각신 흥정을 했어요.

"쓰는 김에 조금만 더 쓰시오."

"랍비 처지에 내가 무슨 돈이 있겠소? 사정을 좀 봐 주시오."

오랜 시간 실랑이를 벌인 두 사람은 상인의 양보로 마침내 흥정을 마치고 가격을 결정할 수 있었어요.

"값을 결정했으니 지금 바로 집으로 가서 돈을 가져다 드리겠소."

"그럽시다. 난 이 자리에서 기다리고 있겠소."

"잠시만 기다리시오. 내 곧 다녀오겠소. 원하는 낙타를 사게 되었으니 점심은 내가 내겠소. 조금 이따가 같이 가십시다."

기분이 한껏 좋아진 랍비가 이렇게 말하자 상인도 고개를 끄덕였어요. 그때 두 사람이 흥정하는 모습을

내내 지켜보던 한 부자가 상인에게 다가와 말했어요.

"난 지금 바로 낙타 값을 내겠소. 여기에 우리의 점심값을 더 얹어 주겠소."

당황한 상인은 부자와 랍비를 번갈아 쳐다보았어요.

"음……, 글쎄 나는 누구한테 팔아도 상관은 없소만……."

부자의 제안이 싫지 않았던 상인은 랍비의 눈치를 보며 슬그머니 돈주머니에 들어 있는 돈을 세어 보았어요. 그 사이 부자는 기둥에 묶여 있던 낙타의 끈을 손에 잡아드는 게 아니겠어요? 보다 못한 랍비가 부자에게 말했어요.

"이보시오. 한 가지 물어보겠소."

부자가 랍비를 쳐다보았어요.

"어떤 아이가 사탕을 사려고 가게에 들어갔다 칩시다. 아이는 이리저리 살펴본 후 가장 먹음직스러운 사탕을 집었소. 그런데 옆에 있던 덩치 큰 다른 아이가 작은 아이의 사탕을 빼앗아 계산했다오. **사탕은 본래 누구의 것이오?**"

"당연히 원래 집었던 아이의 것이지요."

"지금 당신이 한 행동도 똑같지 않소? 내가 먼저 흥정하여 낙타 값을 다 정해놓았는데 당신이 중간에서 가로챘으니 말이오."

이 말을 들은 구경꾼들이 부자를 비웃자 부자는 부끄러워 어쩔 줄을 몰랐답니다.

인물관계도 예시 답안

누구나 지켜야 할 사회적 규범이 있다는 말입니다.

가이드 tip 질문의 의도

답변이 될 수 있는 4개의 문장은 낙타를 빼앗긴 주인공 랍비의 질문을 통해 암묵적으로 지키는 사회적 규범을 어기는 일이 어떤 의미를 갖는지 생각해 보도록 구성되었습니다.

> ① 주인공의 주요 질문 따라 쓰기 → ② 주인공이 들려준 이야기 이해하기 → ③ 이야기가 나오게 된 배경 생각하기 → ④ 나라면 어떻게 행동했을지 상상하기

를 통해 랍비가 비유한 이야기가 의미하는 것이 무엇인지 이해할 수 있도록 지도해 주세요.

읽기 전 생각해 볼 것들

본문을 읽기 전 제목, 삽화, 어려운 말 풀이를 보면서 본문의 내용을 유추하게 해 주세요.

1. '모든 일에는 순서가 있다'는 어떤 의미일지 미리 이야기 나누어 볼까요.

2. 낙타의 고삐를 잡고 있는 사람은 왜 민망해 하는지 유추해 볼까요.

3. 단어 뜻풀이에 나오는 '옥신각신'을 활용해 자신의 경험을 말해 볼까요.

참고하세요 본책 p.93 정답 예시

1 이야기와 만나는 문장 쓰기 | 주인공 랍비의 주요 질문을 따라 써 봅니다. (왼쪽 파란색 문장 따라 쓰기)

2 이해하는 문장 쓰기 | 랍비가 현 상황을 빗대어 들려준 이야기가 무엇인지 이해합니다.
예시 랍비는 덩치가 큰 아이가 작은 아이의 사탕을 빼앗은 이야기를 들려주었습니다.

3 생각을 발견하는 문장 쓰기 | 랍비가 이러한 이야기를 들려준 이유를 확인합니다.
예시 1 부자가 중간에 나타나 낙타를 빼앗아 갔기 때문입니다.
예시 2 부자가 자신의 행동을 부끄럽게 느끼길 바랐기 때문입니다.

4 상상하는 문장 쓰기 | 내가 부자였다면 랍비의 이야기를 듣고 어떻게 행동했을지 상상해 봅니다.
예시 1 내가 부자였다면 늦었지만 사과하고 낙타를 돌려주었을 것입니다.
예시 2 내가 부자였다면 누구에게 팔고 싶은지 낙타 상인한테 물어보자고 할 것입니다.

모아쓰기 네 개의 문장을 이어서 하나의 문단을 완성합니다.

예시 1 "사탕은 본래 누구의 것이오?"
랍비는 덩치가 큰 아이가 작은 아이의 사탕을 빼앗은 이야기를 들려주었습니다. 부자가 중간에 나타나 낙타를 빼앗아 갔기 때문입니다. 내가 부자였다면 늦었지만 사과하고 낙타를 돌려주었을 것입니다.

예시 2 "사탕은 본래 누구의 것이오?"
랍비는 덩치가 큰 아이가 작은 아이의 사탕을 빼앗은 이야기를 들려주었습니다. 부자가 자신의 행동을 부끄럽게 느끼길 바랐기 때문입니다. (하지만) 내가 부자였다면 누구에게 팔고 싶은지 낙타 상인한테 물어보자고 할 것입니다.

가이드의 읽을거리 ● 흥정을 끝낸 랍비 앞에 부자가 나타나는 바람에 랍비의 모든 노력은 물거품이 되었습니다. 보통 사람이라면 멱살잡이라도 했을 상황이건만 랍비는 사탕가게 아이의 비유를 들어 부자를 점잖게 꾸짖습니다. 부자는 사람이라면 누구나 따라야 할 규범을 저버리고 자신의 이득만 취하려다가 비난을 받은 셈이었지요. 아마도 그대로 낙타를 가져갔다는 '무뢰한'이라는 별명을 얻기 딱 좋은 상황입니다. 개인이 사회 속에서 어울려 살아가기 위해서는 사회에서 정한 규칙과 규범을 따라야 합니다. 내 뜻대로, 나 좋을 대로 살아가는 일은 다른 사람에게 피해를 줄 수 있기 때문입니다.
부자의 행동이 잘못된 점과 이런 행동이 공동체에 가져올 수 있는 피해는 무엇일지 이야기 나눠 보세요. 그리고 우리 사회에서 이 같은 규범이 필요한 이유에 대해 생각해 보도록 이끌어 주세요.

하얀 거짓말

흔히 거짓말은 나쁘다고 말합니다. 그 이유는 무엇일까요? 다른 사람에게 나쁜 영향을 주기 때문입니다. 하지만 상황에 따라 어쩔 수 없이 하는 거짓말도 있지요. 혹은 남에게 해가 되지 않는 거짓말도 있고요. 그런 거짓말을 '하얀 거짓말'이라고 합니다. 죄가 되지 않는 거짓말, 하얀 거짓말에는 어떤 것이 있을지 생각하면서 다음 이야기를 읽어 보세요.

마을에서 정말 오랜만에 성대한 결혼식이 열렸어요. 백여 명이 넘는 사람들이 모여 신랑과 신부의 결혼을 축하했지요. 신랑, 신부는 무척 행복해 보였어요. 그 중에서도 신랑은 결혼식 내내 함박웃음을 지으며 신부를 자랑하기에 바빴어요. 하객들 한 명 한 명에게 다가가 신부가 얼마나 아름다운지 얼마나 멋진지를 물어보면서 말이에요. 신부는 수줍은 미소를 지으면서도 신랑의 자랑이 싫지 않은 내색이었어요. 이를 지켜보던 신랑의 친구가 랍비에게 물었어요.

"선생님, 질문이 있는데요."

"네. 말씀하세요."

랍비가 신랑의 친구를 보며 대답했어요.

"저……, 아무리 봐도 제 눈에는 신부가 별로 예쁘지 않아요. **친구에게 제 마음을 사실대로 말해도 될까요?**"

"허허허."

랍비는 그 말을 듣고는 소리 내어 웃었어요. 그러고는 말했어요.

"이 세상에는 죄가 되지 않는 거짓말이 딱 두 개가 있습니다."

"그게 뭐죠?"

신랑의 친구가 물었어요.

"첫 번째 거짓말은 결혼식장에서 신랑, 신부에게 하는 말이에요. 신랑이나 신부가 상대방이 잘생겼냐고 물을 때는 무조건 '잘생겼다', '아름답다'고 답해야 합니다. 그리고 있는 힘껏 두 사람의 결혼을 축복해 주어야겠지요."

신랑의 친구는 고개를 끄덕였어요. 마침 하객들에게

인사를 하던 신랑이 친구에게로 다가왔어요.

"어때? 내 신부 정말 예쁘지?"

신랑의 말에 친구는 대답했어요.

"그럼! 정말 예쁘다. 이렇게 아름다운 신부는 처음이야."

친구의 말에 신랑은 흡족한 표정을 지었어요. 친구가 덧붙여 말했어요.

"우리 마을에서 가장 잘생기고 아름다운 두 사람의 결혼을 진심으로 축하해."

친구의 말을 들은 신랑은 친구를 힘껏 껴안으며 감사 인사를 전했어요. 옆에 있던 랍비도 빙긋이 웃음 지었답니다.

신랑이 지나간 후 친구가 말했어요.

"비록 거짓말이었다 해도 두 사람의 결혼을 축복하기 위한 거짓말이라면 죄가 되지 않겠지요?"

랍비는 미소 지은 채 고개를 끄덕였습니다. 신랑의 친구가 다시 물었어요.

"선생님. 그런데 죄가 되지 않는 나머지 한 가지 거짓말은 뭔가요?"

랍비는 신랑의 친구를 쳐다보며 말했어요.

"두 번째는 누군가 물건을 새로 샀을 때 하는 거짓말입니다. 물건을 새로 산 사람이 물건을 내보이면서 어떠냐고 물으면, 무조건 '잘 샀다', '좋아 보인다'라고 말해야 합니다. 비록 그게 거짓말일지라도 말이죠."

랍비의 말에 신랑의 친구는 크게 고개를 끄덕였습니다.

신랑의 기분이 상해 친구와의 관계도 나빠졌을 것입니다.

가이드 tip 질문의 의도

답변이 될 수 있는 4개의 문장은 본문의 주제를 이끌어내는 핵심 질문을 따라 써 보고 일반적으로 나쁘다고 여겨지는 거짓말이 필요한 상황을 상상해 보도록 구성되었습니다.

> ① 주인공의 질문 따라 쓰기 → ② 질문에 대한 랍비의 대답 이해하기 → ③ 하얀 거짓말이 무엇인지 생각하기 → ④ 내가 했던 하얀 거짓말은 무엇이었는지 떠올려 보기

를 통해 거짓말을 할 수밖에 없는 예외적인 상황을 이해하도록 지도해 주세요.

본책 p.97 정답 예시

읽기 전 생각해 볼 것들

본문을 읽기 전 제목, 삽화, 표시된 문장을 보면서 본문의 내용을 유추하게 해 주세요.

1. '하얀 거짓말'은 어떤 의미일지 미리 이야기 나누어 볼까요?

2. 흰 옷을 입은 남자가 왜 엄지손가락을 들고 있는지 유추해 볼까요?

3. 본문 속 따라 쓰는 문장(굵은 글씨)이 어떤 상황에서 나온 말일지 상상해 볼까요?

참고하세요

1 이야기와 만나는 문장 쓰기 주인공의 질문을 따라 써봅니다. (왼쪽 파란색 문장 따라 쓰기)

2 이해하는 문장 쓰기 주인공의 질문에 대한 랍비의 대답을 이해합니다.
> 예시 랍비는 신랑 신부에게 무조건 아름답다고 말하는 건 죄가 되지 않는다고 말했습니다.

3 생각을 발견하는 문장 쓰기 죄가 되지 않는 하얀 거짓말은 무엇인지 생각해 봅니다.
> 예시 1 하얀 거짓말은 해도 죄가 되지 않는 거짓말입니다.
> 예시 2 하얀 거짓말은 상황에 따라 어쩔 수 없이 하는 거짓말입니다.

4 상상하는 문장 쓰기 내가 했던 하얀 거짓말은 무엇이 있었는지 떠올려 봅니다.
> 예시 1 나는 친구에게 세상에서 가장 사랑한다고 말한 적이 있습니다.
> 예시 2 나는 아빠가 바쁘면 놀아주지 않아도 된다고 말한 적이 있습니다.

모아쓰기 네 개의 문장을 이어서 하나의 문단을 완성합니다. 하얀 거짓말이 무엇인지, 본인은 언제 하얀 거짓말을 했는지 연결해서 쓸 수 있도록 지도해 주세요.

> 예시 1 "친구에게 제 마음을 사실대로 말해도 될까요?"
> 랍비는 신랑 신부에게 무조건 아름답다고 말하는 건 죄가 되지 않는다고 말했습니다. (이처럼) 하얀 거짓말은 해도 죄가 되지 않는 거짓말입니다. 나는 친구에게 세상에서 가장 사랑한다고 말한 적이 있습니다.

> 예시 2 "친구에게 제 마음을 사실대로 말해도 될까요?"
> 랍비는 신랑 신부에게 무조건 아름답다고 말하는 건 죄가 되지 않는다고 말했습니다. (이처럼) 하얀 거짓말은 상황에 따라 어쩔 수 없이 하는 거짓말입니다. 나는 아빠가 바쁘면 놀아주지 않아도 된다고 말한 적이 있습니다.

가이드의 읽을거리 ● 뻔히 드러날 만큼 터무니없는 거짓말을 '새빨간 거짓말'이라고 합니다. 반면 '하얀 거짓말'은 선의를 목적으로 한 거짓말을 말합니다.

랍비는 결혼식장에서 만나는 신랑, 신부에게 그리고 새로운 물건을 산 사람에게는 거짓말을 해도 죄가 되지 않는다고 말합니다. 두 경우 모두 하얀 거짓말인 셈이지요.

돌이켜 보면 우리는 두 경우뿐만 아니라 무수히 많은 상황에서 하얀 거짓말을 하고 삽니다. 상대방을 실망시키지 않기 위해, 굳이 진심을 말할 필요가 없어서 하는 거짓말이지요. 사람들이 하얀 거짓말을 하지 않고 언제나 진심을 말한다면 어떤 일이 벌어질까요? 아이들과 함께 상상해 보세요. 또 거짓말은 나쁘지만 때때로 하얀 거짓말을 해야 할 때는 어떤 기준으로 판단하면 좋을지 이야기를 나눠 보세요.

"이거 받게."

"아니야. 받을 수 없네."

"어허. 받으라니까."

"무슨 소린가? 내 것도 아닌 걸 내가 왜 받아야 하나?"

햇볕이 쨍쨍 내리쬐는 한낮에 밭 한가운데서 키가 큰 남자와 작은 남자가 실랑이를 벌이고 있었어요.

"거참. 고집쟁이도 이런 고집쟁이가 다 있나."

"내가 할 말일세. 이렇게까지 똥고집을 부리다니 거참."

두 사람은 한참동안 서로에게 무언가를 미루다가 마침내는 마을에서 가장 지혜롭다는 랍비를 찾았습니다.

"선생님, 제 말씀 좀 들어 보세요."

"아니, 제 말씀 먼저 들어 보세요."

두 사람은 서로 뒤질세라 앞다퉈 랍비에게 자기가 먼저 말을 하겠다고 나섰어요.

"조용히 하시오. 한 사람씩 차근차근 이야기해 보시오."

랍비의 말에 키가 큰 남자가 먼저 말을 했어요.

"그게 말입니다. 제가 이 친구에게 며칠 전 밭을 샀는데요. 어제 오전에 밭에 나가 일을 하는데 뭔가가 탁 걸리더라고요. 궁금해서 파 봤더니 커다란 상자가 하나가 있지 뭡니까. 상자를 열어 보니 금화로 가득찬 보물 상자였지요."

"그래서요?"

랍비가 묻자 키가 큰 남자는 키 작은 남자를 바라보며 말했어요.

"그래서 전 보물 상자를 들고 이 친구한테 찾아갔습니다. 상자를 돌려주려고요. 밭은 제 것이 되었지만 상자는 제 것이 아니지 않겠습니까? 그런데 이 친구는 한사코 자기 상자가 아니라고 우기지 뭡니까?"

가만히 듣고 있던 키 작은 남자가 말했어요.

"당연히 제 것이 아니니까요. 선생님, 말씀드렸다시피 저는 이 친구에게 밭을 팔았습니다. 그러니 팔고 난 다음 밭에서 나온 모든 것은 전부 이 친구의 몫이

지요. 안 그렇습니까?"

"흠……."

랍비는 수염을 매만지며 생각에 잠겼어요. 몇 분 동안 가만히 창 밖을 내다보던 랍비에게 좋은 생각이 떠올랐어요.

"혹시 두 사람에게 결혼할 나이가 된 자식이 있소?"

"네. 저한테는 다 큰 아들 녀석이 있지요."

키가 큰 남자가 말하자 키가 작은 남자도 말했어요.

"네. 저한테도 혼기가 찬 딸이 하나 있습니다."

두 사람의 말을 들은 랍비가 손바닥으로 탁자를 '탁' 치며 일어났어요.

"그렇지! 이렇게 하면 되겠군. 두 분의 아들과 딸을 결혼시키고 두 사람에게 보물 상자를 물려주시오."

그 말을 들은 두 사람은 얼굴이 밝아지더니 큰 소리로 웃기 시작했어요.

"하하하, 이렇게 좋은 해결 방법이 있을 줄이야."

랍비에게 감사 인사를 한 두 사람은 어깨동무를 하고 콧노래를 부르며 집으로 돌아갔답니다.

인물관계도 예시 답안

본래 주인이 묻어둔 상자가 아니라면 밭을 산 새 주인의 것입니다.

🔍 가이드 tip 질문의 의도

답변이 될 수 있는 4개의 문장은 두 친구에게 해결책을 제시한 랍비의 조언이 갖는 의미와 또 다른 해결책을 생각해 보기 위해 구성되었습니다.

> ① 갈등의 원인이 되는 문장 따라 쓰기 → ② 주인공의 행동 이해하기 → ③ 갈등 해결을 위해 제시된 해결책 확인하기 → ④ 나라면 어떤 해결책을 내놓을지 상상하기

를 통해 랍비의 지혜가 갈등 해결의 실마리가 된 배경을 이해하도록 지도해 주세요.

읽기 전 생각해 볼 것들

본문을 읽기 전 제목, 삽화, 표시된 문장을 보면서 본문의 내용을 유추하게 해 주세요.

1. 제목을 보고 본문이 어떤 내용일지 미리 이야기 나누어 볼까요.
2. 흰 모자를 쓴 남자가 파란 모자를 쓴 남자에게 뭐라고 말할지 유추해 볼까요.
3. 본문 속 따라 쓰는 문장(굵은 글씨)이 어떤 상황에서 나온 말일지 상상해 볼까요.

✏️ 참고하세요   본책 p.103 정답 예시

1 이야기와 만나는 문장 쓰기 갈등의 원인이 되는 문장을 따라 써 봅니다. (왼쪽 파란색 문장 따라 쓰기)

2 이해하는 문장 쓰기 주인공인 두 친구가 실랑이를 벌인 이유에 대해 이해합니다.
예시 두 친구는 밭에서 나온 보물 상자 때문에 실랑이를 벌였습니다.

3 생각을 발견하는 문장 쓰기 두 친구의 갈등을 해결하기 위해 랍비가 제시한 해결책을 확인합니다.
예시 1 랍비는 두 사람의 자식을 결혼시키라고 말했습니다.
예시 2 랍비는 서로의 딸과 아들을 결혼시켜 보물 상자를 전해주라고 말했습니다.

4 상상하는 문장 쓰기 만약 내가 랍비였다면 보물 상자를 어떻게 처리하라고 말했을지 상상해 봅니다.
예시 1 내가 랍비였다면 보물을 어려운 사람들에게 나누어 주라고 말했을 것입니다.
예시 2 내가 랍비였다면 보물 상자의 보물을 반으로 나눠 가지라고 말했을 것입니다.

모아쓰기 네 개의 문장을 이어서 하나의 문단을 완성합니다.
예시 1 "내 것도 아닌 걸 내가 왜 받아야 하나?"
두 친구는 밭에서 나온 보물 상자 때문에 실랑이를 벌였습니다. 랍비는 두 사람의 자식을 결혼시키라고 말했습니다. 내가 랍비였다면 보물을 어려운 사람들에게 나누어 주라고 말했을 것입니다.

예시 2 "내 것도 아닌 걸 내가 왜 받아야 하나?"
두 친구는 밭에서 나온 보물 상자 때문에 실랑이를 벌였습니다. 랍비는 서로의 딸과 아들을 결혼시켜 보물 상자를 전해주라고 말했습니다. 내가 랍비였다면 보물 상자의 보물을 반으로 나눠 가지라고 말했을 것입니다.

가이드의 읽을거리 ● 절친한 친구 두 사람이 실랑이를 벌입니다. 밭에서 나온 보석 상자를 서로 갖지 않겠다는 겁니다. 랍비는 두 사람의 자식을 결혼시켜 보석 상자를 물려주라는 해결책을 내놓지요. 동화 속 내용은 현재의 시각에서 조금 맞지 않는 이야기일 수 있습니다. 자식들의 결혼을 전적으로 부모가 결정하는 일은 이제 흔치 않으니까요.
자신이 랍비라면 어떤 해결책을 내놓을지 의견을 물어보고 왜 그런 생각을 했는지 귀 기울여 주세요. 더불어 랍비는 왜 그런 해결책을 내놓았을지 함께 이야기하면서 자연스럽게 부모가 정해준 사람과 결혼을 해야 했던 과거 상황에 대해 알려주세요. 랍비의 지혜가 진짜 지혜로 받아들여지려면 당시 상황에 대해 먼저 이해해야 하니까요.

보이지 않는 보석

부모님, 선생님도 함께 읽고 아이들과 나누고 싶은 이야기를 생각해 보세요.

지혜로운 랍비가 배를 타고 여행을 떠났습니다. 함께 배에 탄 사람들은 모두 돈이 많은 부자였지요. 부자들은 값비싼 실크로 옷을 해 입고 다이아몬드 반지와 진주 목걸이, 사파이어 팔찌를 몸에 두르고 있었어요. 누가 누가 부자인지 내기라도 하는 것처럼 말이에요.

오랜 시간 여행이 계속되자 심심해진 귀부인 하나가 자기가 가지고 있는 보석을 자랑했어요.

"이 진주 목걸이 좀 보실래요? 제 생일을 맞아 남편이 특별 제작해 준 거랍니다."

"정말 멋지네요. 제 사파이어 팔찌도 세상에 하나밖에 없는 보석이에요. 사파이어가 너무 커서 팔목이 아플 정도예요."

"어머 부러워라. 그런데 역시 보석은 다이아몬드라고 생각하지 않으세요? 제 다이아몬드 반지 좀 보세요. 멀리서도 반짝이는 바람에 감추려야 감출 수가 없답니다. 호호호."

귀부인들의 수다에 뒤질세라 남자들도 한 마디씩 자랑을 늘어놓았어요.

"다이아몬드, 진주 목걸이, 사파이어 팔찌가 있으면 뭐합니까? 뭐니 뭐니 해도 중요한 건 돈이죠. 돈이 있으면 아무리 귀한 보석이라도 다 살 수 있으니까요."

"그러게요. 돈도 돈이지만 넓은 집 놔두고 왜 이 고생인지……. 집이 열 채가 넘어서 여행을 와서도 한 번씩 신경이 쓰이네요."

부자들은 서로 자기가 가진 재산이 많다고 자랑을 늘어놓았어요. 하지만 이 모습을 한심하게 바라보는 사람이 있었어요. 바로 배에서 유일하게 가난한 랍비였지요.

"쯧쯧쯧……."

랍비는 부자들의 말을 들으며 혀를 찼어요. 랍비의 반응에 기분이 상한 부자 한 사람이 물었어요.

"이보세요. 듣고만 계신 랍비 선생. 뭐 대단한 보석이라도 갖고 계시는가 본데 댁이 가진 보석은 무엇이오?"

랍비는 대답했어요.

"보석이라……. 당연히 있지요! 내가 가진 보석은 당신들이 가진 재산과는 비교가 안 될 정도로 귀한 보물이지요."

부자들은 랍비가 가진 값비싼 보물이 무엇일까 궁금했어요.

"그게 뭐죠?"

"한 번 봅시다!"

"내가 사겠소."

저마다 한 마디씩 하면서 랍비의 보물을 보고 싶어 했어요.

"미안합니다만 보여줄 수가 없소. 내가 가진 보물은 눈에 보이는 게 아니기 때문이라오."

보석을 보여줄 수 없다는 랍비의 말에 부자들은 모두 랍비를 비웃었어요.

며칠 뒤 바다 한 가운데를 지나던 배에 해적이 들이닥쳤어요. 해적은 부자들의 재산을 모두 빼앗고 생판 모르는 곳에 이들을 내려놓았답니다. 부자들은 땡전 한 푼 없이 낯선 곳에서 지내야만 했어요.

몇 년 후 랍비는 길에서 같은 배를 탔던 부자를 다시 만나게 되었어요. 부자는 고향으로 돌아가지 못해 거지가 되어 있었지요.

"한데 선생님은 어떻게 이렇게 그대로십니까?"

부자의 질문에 랍비는 말했어요.

"전 여기 학교에서 아이들을 가르치고 있습니다."

그 사이 랍비는 높은 학식을 인정받아 학교 선생님이 됐거든요.

"그때 말씀하신 눈에 보이지 않는 보물이 바로 이런 것이군요!"

부자는 랍비의 말에 땅을 치며 후회했답니다.

인물관계도 예시 답안

랍비처럼 눈에 보이지 않는 재산을 가질 수 있게 노력해야겠다고 생각했을 것입니다.

🔍 가이드 tip 질문의 의도

답변이 될 수 있는 4개의 문장은 본문에 등장하는 부자와 랍비의 대화를 통해 진정한 보석이 무엇인지 발견할 수 있도록 구성되었습니다.

> ① 본문의 주제 문장 따라 쓰기 → ② 생각에 따른 결과의 차이 이해하기 → ③ 주인공의 생각 유추하기 → ④ 내가 부자였다면 어떤 생각(혹은 행동)을 했을지 상상하기

를 통해 눈에 보이지 않는 지식의 가치를 소중히 여길 수 있도록 지도해 주세요.

읽기 전 생각해 볼 것들

본문을 읽기 전 제목, 삽화, 어려운 말 풀이를 보면서 본문의 내용을 유추하게 해 주세요.

1. 제목을 보고 본문이 어떤 내용일지 미리 이야기 나누어 볼까요.

2. 안경을 쓴 남자는 왜 사람들과 따로 있는지 유추해 볼까요.

3. 단어 뜻풀이에 나오는 '다이아몬드'와 '흑연'의 차이를 좀 더 생각해 볼까요.

✏️ 참고하세요 본책 p.107 정답 예시

1 [이야기와 만나는 문장 쓰기] 주제를 담고 있는 주인공의 주요 대화문을 따라 써 봅니다. (왼쪽 파란색 문장 따라 쓰기)

2 [이해하는 문장 쓰기] 주인공 부자와 랍비의 생각이 가져온 차이를 이해합니다.

　[예시] 부자는 거지가 되었고 랍비는 선생님이 되었습니다.

3 [생각을 발견하는 문장 쓰기] 달라진 랍비의 모습을 본 부자의 생각을 유추합니다.

　[예시 1] 부자는 재산을 자랑한 일을 후회했을 것입니다.
　[예시 2] 부자는 지식을 가지고 있는 랍비가 부러웠을 것입니다.

4 [상상하는 문장 쓰기] 내가 부자였다면 선생님이 된 랍비를 보고 어떤 생각(혹은 행동)을 했을지 상상해 봅니다.

　[예시 1] 내가 부자였다면 그때부터라도 미래에 후회하지 않을 일을 찾아보려고 노력할 것입니다.
　[예시 2] 내가 부자였다면 랍비에게 일자리를 부탁하겠습니다.

[모아쓰기] 네 개의 문장을 이어서 하나의 문단을 완성합니다. 문장이 매끄럽게 이어지도록 추가하면 좋을 말들에 대해서도 함께 이야기 나누어 주세요.

　[예시 1] "내가 가진 보물은 눈에 보이는 게 아니기 때문이라오."
(해적을 만난 뒤) 부자는 거지가 되었고 랍비는 선생님이 되었습니다. 부자는 재산을 자랑한 일을 후회했을 것입니다. 내가 부자였다면 그때부터라도 미래에 후회하지 않을 일을 찾아보려고 노력할 것입니다.

　[예시 2] "내가 가진 보물은 눈에 보이는 게 아니기 때문이라오."
(해적을 만난 뒤) 부자는 거지가 되었고 랍비는 선생님이 되었습니다. 부자는 지식을 가지고 있는 랍비가 부러웠을 것입니다. 내가 부자였다면 랍비에게 일자리를 부탁하겠습니다.

가이드의 읽을거리 ● 탈무드에는 지식이나 지혜의 중요성을 강조하는 이야기들이 많이 등장합니다. 이번 이야기의 주제 역시 세상 그 어떤 보석보다 가치 있는 보물은 바로 '지식'이라고 강조합니다. 나라를 빼앗겨 전 세계를 떠돌던 유대인들에게 절대 빼앗길 수 없는 머릿속 지식이야말로 최고의 보물일 수밖에 없었겠지요.

이를 증명이나 하듯 전 세계 인구의 0.2%에 불과한 유대인들의 노벨상 수상 비율이 40%에 달합니다. 유대인들이 왜 그렇게 지식, 지혜를 강조하는지 그리고 그러한 지식을 발전시키기 위해 어떤 질문을 했는지 함께 이야기 나눠 보세요. 가능하다면 유대인의 역사와 교육 방식을 미리 찾아보고 덧붙여 설명해 주는 것도 좋겠지요?

스물세 번째 이야기

싸움을 말리는 방법

부모님, 선생님도 함께 읽고 아이들과 나누고 싶은 이야기를 생각해 보세요.

어느 조용한 마을에 부부싸움이 잦은 남편과 아내가 있었습니다. 두 사람은 작은 일에도 싸움이 붙어 큰 소리가 나기 일쑤였죠.

"뭐라고? 다시 말해 봐요!"

"당신이 잘못했지. 내가 잘못했어요? 백 번을 말해도 똑같이 말할 수 있어요!"

"그게 왜 내 잘못이야? 당신이 계산을 잘못한 걸 왜 내 탓으로 떠넘겨?"

"기막혀. 애당초 당신이 제대로 못해서 나한테 떠넘겨 놓고 무슨 할 말이 있다고."

이날도 서로의 잘잘못을 따지면서 목소리가 높아졌어요. 서로에게 삿대질까지 하면서 싸우는 부부를 보다 못한 아들이 두 사람을 향해 말했어요.

"그만 좀 하세요! 정말 동네 창피해서 못 살겠어요. 두 분 중 누가 진짜 잘못을 했는지는 랍비님이 아실 거예요. 랍비님께 가서 물어보세요!"

아들의 말에 부부는 마지못해 마을에서 가장 나이 많은 랍비에게 찾아갔어요. 여전히 화가 풀리지 않은 두 사람은 랍비 앞에서도 싸움을 그칠 줄 몰랐죠.

"그러니까 이 사람 잘못이라 이 말입니다."

"대들보 같은 자기 잘못은 못 보고 티끌 같은 내 잘못만 들춰내는 사람이에요."

랍비는 두 사람에게 말했어요.

"자자, 진정하시고 먼저 아내분 말씀부터 들어 보겠습니다. 남편분은 여기서 잠깐 기다려 주세요."

랍비는 아내를 서재로 안내했어요.

"자, 이제부터 하고 싶은 말씀이 있으시면 여기서 모두 하세요."

랍비는 아내에게 남편에 대해 하고 싶은 말을 모두 하라고 말하고는 아내의 이야기가 끝날 때까지 가만히 들어 주었어요. 아내가 말하는 동안 랍비는 '아, 당연히 그렇게 생각하실 수 있죠', '맞는 말씀입니다', '많이 속상하셨겠네요'라는 말로 맞장구를 쳐 주었지요.

"어휴. 이제 좀 속이 시원하네요. 고맙습니다, 랍비님."

아내가 말을 마치고 응접실로 돌아가자 이번에는 남편을 서재로 불렀어요.

"편하게 말씀해 보세요."

랍비는 남편에게도 아내에 대해 하고 싶은 말을 모두 하라고 말했어요. 아내에게 했던 것과 마찬가지로 남편이 말하는 동안에도 랍비는 '아, 당연히 그렇게 생각하실 수 있죠', '맞는 말씀입니다', '많이 속상하셨겠네요'라는 말로 똑같이 맞장구를 쳐 주었지요.

"뭐 그러고 보니 제 잘못도 좀 있네요. 고맙습니다. 랍비님."

랍비에게 이야기를 끝낸 두 사람은 처음과 달리 평온한 얼굴이 되었어요. 게다가 남편이 아내에게 먼저 용서를 구하자 아내 역시 자신에게도 잘못이 있다며 사과를 했지요. 부부는 그 자리에서 화해하고는 집으로 돌아갔답니다.

이 모습을 모두 지켜본 랍비의 제자가 물었어요.

"선생님, 두 사람이 서로 잘못을 지적했을 때 선생님은 아내한테도 '맞다', 남편한테도 '맞다'고 맞장구를 쳐 주셨잖아요. 두 사람의 말은 완전히 달랐는데 두 사람 모두에게 맞장구를 쳐 주신 이유는 뭐죠?"

랍비는 제자의 말에 미소 지으며 대답했어요.

"상대가 잘못했다고 목소리를 높이는 부부에게 한 사람이 잘못했다고 말하는 건 불난 집에 기름을 붓는 것과 같다네. 그때는 그저 가만히 이야기를 들어 주기만 해도 흥분을 가라앉힐 수 있지. 그러고 나면 자기 잘못도 눈에 보이는 법이야. 때로는 상대의 감정을 인정해 주는 것만으로도 쉽게 싸움이 끝난다네."

랍비의 말에 제자는 고개를 끄덕였답니다.

인물관계도 예시 답안

흥분을 가라앉히고 나면 스스로 자신의 잘못을 돌아볼 수 있기 때문입니다.

50

가이드 tip 질문의 의도

답변이 될 수 있는 4개의 문장은 본문의 주제를 축약한 문장을 따라 써 보고 싸움을 줄이는 데 필요한 또 다른 해결법은 없는지 스스로 찾아보도록 구성되었습니다.

① 주인공의 주요 대화문 따라 쓰기 → ② 주인공의 갈등 해결법 이해하기 → ③ 주인공 행동의 이유 생각하기 → ④ 나라면 어떤 해결책을 알려 주었을지 상상하기

를 통해 갈등을 해결하는 방법을 학습할 수 있도록 지도해 주세요.

읽기 전 생각해 볼 것들

본문을 읽기 전 제목, 삽화, 어려운 말 풀이를 보면서 본문의 내용을 유추하게 해 주세요.

1. '싸움을 말리는 방법'에는 무엇이 있을지 미리 이야기 나누어 볼까요?

2. 노란 옷을 입은 여자와 보라색 모자를 쓴 남자는 어떤 사이일까요?

3. 단어 뜻풀이에 나오는 '대들보'와 '티끌'의 크기가 얼마나 다를지 상상해 볼까요?

참고하세요   본책 p.111 정답 예시

1 이야기와 만나는 문장 쓰기 본문의 주제를 드러내는 랍비의 말을 따라 써봅니다. (왼쪽 파란색 문장 따라 쓰기)

2 이해하는 문장 쓰기 랍비의 갈등 해결법을 이해합니다.
> 예시 랍비는 두 사람 모두에게 맞장구를 쳐 주었습니다.

3 생각을 발견하는 문장 쓰기 랍비가 부부의 갈등을 대하는 자세에 대한 이유를 확인합니다.
> 예시 1 랍비는 화가 난 사람에게 잘못을 지적해서는 안 된다고 말했습니다.
> 예시 2 랍비는 화가 난 사람의 이야기일수록 그저 들어 주기만 해야 한다고 말했습니다.

4 상상하는 문장 쓰기 자신이 랍비였다면 또 다른 해결책으로 어떤 방법을 알려 주었을지 상상해 봅니다.
> 예시 1 내가 랍비라면 다시는 싸우는 일이 없도록 맞장구치는 방법을 자세히 알려 주겠습니다.
> 예시 2 내가 랍비라면 서로의 장점을 칭찬하는 연습을 하라고 알려 주겠습니다.

모아쓰기 네 개의 문장을 이어서 하나의 문단을 완성합니다.
> 예시 1 "때로는 상대의 감정을 인정해 주는 것만으로도 쉽게 싸움이 끝난다네."
랍비는 두 사람 모두에게 맞장구를 쳐 주었습니다. 랍비는 화가 난 사람에게 잘못을 지적해서는 안 된다고 말했습니다. 내가 랍비라면 다시는 싸우는 일이 없도록 맞장구치는 방법을 자세히 알려 주겠습니다.

> 예시 2 "때로는 상대의 감정을 인정해 주는 것만으로도 쉽게 싸움이 끝난다네."
랍비는 두 사람 모두에게 맞장구를 쳐 주었습니다. 랍비는 화가 난 사람의 이야기일수록 그저 들어 주기만 해야 한다고 말했습니다. 내가 랍비라면 서로의 장점을 칭찬하는 연습을 하라고 알려 주겠습니다.

가이드의 읽을거리 ● 싸움이 일어날 때는 대개 내용 보다 상대방의 말투나 화난 감정 그 자체가 원인인 경우가 많습니다. 동화에 나온 부부싸움도 마찬가지입니다. 지혜로운 랍비는 잘잘못을 따지러온 부부의 말을 끝까지 들어 주고 '맞는 말입니다', '속상하셨겠네요'라고 맞장구를 쳐 줍니다. 이성적이고 합리적일 것 같은 랍비조차 감정이 논리보다 앞선다는 사실을 잘 알고 있었기 때문이겠지요.
아이가 아주 많이 화가 났을 때 묻지도 따지지도 않고 '그랬구나', '속상했겠네'라고 이야기해 본 적이 있나요? 친구와 싸웠을 때 동생과 다투었을 때 그런 말을 듣는다면 어떤 기분일지 물어봐 주세요. 또 새로 제시한 해결책에 대해서도 이야기 나누어 보세요.

스물네 번째 이야기

솔로몬과 진짜 엄마

부모님, 선생님도 함께 읽고 아이들과 나누고 싶은 이야기를 생각해 보세요.

'지혜의 왕'으로 불리던 솔로몬 왕이 이스라엘을 다스리고 있을 때의 일이에요. 어느 날 두 여인이 솔로몬 왕을 찾아왔어요. 두 여인을 데리고 온 신하의 품에는 포대기에 싸인 아기가 안겨 있었어요.

"무슨 일로 나를 찾아 왔는가?"

솔로몬 왕이 묻자 두 여인 중 붉은 색 옷을 입은 여인이 말했어요.

"현명한 왕이시여. 너무나 답답한 마음에 여기까지 찾아왔습니다. 글쎄 말이에요. 이 아기는 제 뱃속에서 키우고 낳은 제 아이인데요. 저 여자가 난데없이 나타나서는 자기 아기라고 우기지 뭐예요? 이게 말이나 되나요?"

"아니에요!"

붉은 색 옷을 입은 여인의 말이 끝나기가 무섭게 푸른 색 옷을 입은 여인이 소리쳤어요.

"아닙니다. 임금님. 절대로 저 여인은 아기의 엄마가 아니에요. 왜냐하면 제가 이 아기의 엄마니까요. 보세요. 저 아이의 둥근 얼굴은 저를 쏙 빼닮았어요."

그 말을 들은 붉은 색 옷을 입은 여인은 푸른 색 옷을 입은 여인을 향해 화를 내며 말했어요.

"그럼 내가 아기를 훔치기라도 했단 말이야? 어디서 그런 말도 안 되는 거짓말을 하는 거야? 임금님. 아기의 머리카락을 보세요. 가늘고 노란 저 머리카락은 저와 판박이가 아닙니까? 이래도 제 아기가 아니라고 말할 수 있겠어요?"

두 여인의 말을 들은 솔로몬 왕은 아기를 가까이 데려오라고 손짓했어요. 가까이 살펴본 아기의 얼굴은 정말 푸른 옷을 입은 여인처럼 동그랗고 붉은 옷을 입은 여인처럼 노란색 머리카락을 가지고 있었어요.

'음……, 이를 어쩐다?'

솔로몬 왕이 생각에 잠긴 동안에도 두 여인은 소리를 지르며 서로 자신의 아기라고 우기기 바빴어요.

'그렇지! 이렇게 하면 되겠구나.'

순간 솔로몬 왕에게 좋은 생각이 떠올랐습니다.

"자자. 둘 다 진정하시오. 내가 공정하게 판결해 주겠소. 거, 여봐라. 여기 긴 칼 하나를 가져 오너라."

솔로몬 왕은 신하를 시켜 긴 칼을 가져오게 했어요. 그러고는 신하에게 명령했어요.

"이제는 여기 탁자 위에 아기를 눕히도록 하라."

아기를 안고 있던 신하가 탁자 위에 조심스럽게 아기를 올려놓았어요. 아무것도 모르는 아기는 새근새근 잠들어 있었답니다.

"좋다. 이제 공정한 판결을 내리겠다. 지금부터 이 아이를 둘로 나누어라. 그리고 두 여인은 아기를 각각 반씩 나누어 데려가도록 하라."

솔로몬 왕이 판결을 내리자 긴 칼을 든 신하가 아기에게 다가가 칼을 높이 치켜들었어요. 소란스러운 분위기 때문에 잠에서 깬 아기가 울기 시작했습니다.

"멈추세요!"

이때 푸른 색 옷을 입은 여인이 목청이 떠나가라 소리를 질렀어요.

"그만 하세요. 저 여인이 아기의 엄마입니다. 그러니 아기를 저 여인에게 주세요. 제발요."

푸른 색 옷을 입은 여인은 펑펑 눈물을 쏟으며 무릎을 꿇고 앉아 사정했어요.

솔로몬 왕은 말했어요.

"아기를 푸른 색 옷을 입은 여인에게 데려다 주거라. 아기의 생명을 소중히 여긴 이 여인이 진짜 아기의 엄마다. 거짓말을 한 저 여인은 당장 감옥으로 끌고 가거라!"

그리하여 아기는 진짜 엄마의 품으로 돌아갈 수 있었답니다.

인물관계도 예시 답안

아기를 둘로 나누라는 판결을 내렸습니다.

52

답변이 될 수 있는 4개의 문장은 본문에 등장하는 솔로몬 왕이 주어진 문제를 어떻게 해결하는지를 이해하고 또 다른 판결을 상상해 보도록 구성되었습니다.

> ① 본문의 주요 문장 따라 쓰기 → ② 주인공의 판결 내용 이해하기 →
> ③ 판결에 대한 자기 의견 생각하기 → ④ 내가 솔로몬 왕이었다면
> 어떤 판결을 내렸을지 상상하기

를 통해 솔로몬의 판결이 지혜롭다고 평가받는 이유를 이해할 수 있도록 도와주세요.

읽기 전 생각해 볼 것들

본문을 읽기 전 제목, 삽화, 표시된 문장을 보면서 본문의 내용을 유추하게 해 주세요.

1. 제목을 보고 본문이 어떤 내용일지 미리 이야기 나누어 볼까요.

2. 파란 옷을 입은 여자와 빨간 옷을 입은 여자는 어떤 관계일까요?

3. 본문 속 따라 쓰는 문장(굵은 글씨)이 어떤 상황에서 나온 말일지 상상해 볼까요.

✎ 참고하세요   본책 p.115 정답 예시

1 이야기와 만나는 문장 쓰기 주인공 솔로몬 왕의 판결을 따라 써 봅니다. (왼쪽 파란색 문장 따라 쓰기)

2 이해하는 문장 쓰기 솔로몬 왕의 판결 내용이 무엇이었는지 이해합니다.
예시 솔로몬 왕은 아기를 반으로 나누라는 명령을 내렸습니다.

3 생각을 발견하는 문장 쓰기 솔로몬 왕의 판결이 어땠는지 스스로 생각합니다.
예시1 솔로몬 왕의 판결은 진짜 엄마와 아기를 놀라게 했을 것 같습니다.
예시2 솔로몬 왕의 판결은 주변 사람들을 무섭게 만들었을 것 같습니다.

4 상상하는 문장 쓰기 내가 솔로몬 왕이었다면 어떤 지혜로운 판결로 진짜 엄마를 가려낼지 상상해 봅니다.
예시1 내가 솔로몬 왕이었다면 아기를 깨워서 누구에게 안기는지 살펴보겠습니다.
예시2 내가 솔로몬 왕이었다면 두 사람의 집에 아기 물건이 있는지 확인하겠습니다.

• 모아쓰기 • 네 개의 문장을 이어서 하나의 문단을 완성합니다.

예시1 순간 솔로몬 왕에게 좋은 생각이 떠올랐습니다. 솔로몬 왕은 아기를 반으로 나누라는 명령을 내렸습니다. (그런데) 솔로몬 왕의 판결은 진짜 엄마와 아기를 놀라게 했을 것 같습니다. 내가 솔로몬 왕이었다면 아기를 깨워서 누구에게 안기는지 살펴보겠습니다.

예시2 순간 솔로몬 왕에게 좋은 생각이 떠올랐습니다. 솔로몬 왕은 아기를 반으로 나누라는 명령을 내렸습니다. (그런데) 솔로몬 왕의 판결은 주변 사람들을 무섭게 만들었을 것 같습니다. 내가 솔로몬 왕이었다면 두 사람의 집에 아기 물건이 있는지 확인하겠습니다.

가이드의 읽을거리 ● 솔로몬 왕은 지혜로운 판결을 내린 왕으로 유명합니다. 그중에서도 아기의 진짜 엄마를 찾아준 판결은 탈무드를 읽지 않은 사람들도 많이 알고 있는 이야기 중 하나입니다. 하지만 지금의 시각에서 본다면 긴 칼을 들어 아이를 자르겠다고 엄포를 놓은 솔로몬의 판결이 조금은 섬뜩하게 다가오기도 합니다. 그럼에도 인간의 본성을 꿰뚫어 보고 단박에 진짜 엄마를 가려낸 것만큼은 대단한 지혜입니다.

지혜는 지식과 달리 단순히 아는 일에 그치지 않습니다. 지혜는 지식을 활용해서 상황에 맞는 적절한 판단을 내리는 데 사용됩니다. 솔로몬의 판결을 보며 지혜란 무엇인지 생각해 보고 지혜로운 사람이 되기 위해서는 무엇이 필요한지 함께 고민해 볼까요?

등불을 켜는 마음

부모님, 선생님도 함께 읽고 아이들과 나누고 싶은 이야기를 생각해 보세요.

전기가 없던 아주 옛날의 일이에요. 해가 진 어두컴컴한 거리에서 한 나그네가 길을 걷고 있었어요. 그날따라 구름이 잔뜩 낀 탓에 달빛, 별빛조차 보이지 않았답니다. 잔뜩 움츠린 채 걷고 있던 나그네는 생각했어요.

'어휴. 얼마나 더 가야 여관이 나올까? 이제 더는 걸을 기운도 없어'

사위는 짙은 어둠으로 둘러싸여 한 치 앞도 보이지 않았어요. 더군다나 처음 와본 낯선 마을이었으니 얼마나 더 가야 하는지도 알지 못했지요.

"어이쿠!"

더듬더듬 길을 가던 나그네가 이번에는 갑자기 휘청하며 고꾸라졌어요. 코앞의 돌부리를 보지 못하고 걸려 넘어진 것이었어요. 다행히 바닥에 손을 짚으면서 손바닥을 긁힌 정도였지만, 하마터면 크게 다칠 뻔했지 뭐예요. 나그네는 주저앉아 한숨을 내쉬었어요.

'언제까지 이렇게 걸어가야 하는 걸까? 누군가 지나가는 사람이라도 있다면 얼마나 좋을까.'

울상이 된 나그네가 힘겹게 자리를 털고 일어났어요. 그때, 멀리서 작은 불빛 하나가 보였어요. 나그네는 두 눈을 크게 뜨고 불빛을 쳐다보았어요. 불빛은 점점 더 가까이 다가오며 주위를 밝혔어요.

'누군가 오고 있어! 오, 신이시여! 감사합니다. 정말 감사합니다.'

나그네는 불빛을 향해 걸어갔어요.

"안녕하세요?"

가까이 다가가 반갑게 인사를 건넸지요.

"아, 네. 안녕하세요."

등불을 들고 있던 남자 역시 나그네에게 인사를 했어요.

"저, 죄송한데 제가 이곳에 처음 왔거든요. 혹시 이 근처에 묵을 만한 데가 있는지 알려 주실 수 있을까요?"

나그네가 묻자 등불을 든 남자가 오른쪽을 가리키며 대답했어요.

"저를 따라오세요. 이 길로 15분 정도만 더 가시면 여관이 나옵니다."

"고맙습니다! 덕분에 길에서 밤을 지새우지 않아도 되겠네요."

나그네는 연신 인사를 하며 고마움을 표시했어요. 그러다 남자가 다른 한 손에 지팡이를 짚고 있다는 걸 알아차렸어요. 자세히 보니 남자는 두 눈을 감고 있었고요.

"어……, 실례지만 혹시 앞을 보지 못하시나요?"

나그네의 말에 등불을 든 남자가 고개를 끄덕였어요.

"네. 그렇습니다."

"아니, 그럼 왜 등불을 들고 다니시는 거죠?"

나그네는 앞을 보지 못하는 남자가 자신은 보지도 못할 등불을 들고 다니는 이유가 궁금했어요. 남자는 빙긋이 미소 짓더니 말했어요.

"당신처럼 미처 등불을 들고 오지 못한 사람이 빛을 볼 수 있고, 등불이 없는 사람이 나와 부딪히는 일을 막을 수도 있기 때문입니다."

아무런 준비 없이 밤을 맞은 나그네는 자신의 안전조차 제대로 챙기지 못한 스스로가 부끄러워 얼굴을 붉히고 말았답니다.

인물관계도 예시 답안

등불이 없는 사람에게 빛을 비춰주고 서로 부딪히지 않도록 하기 위해서라고 말했습니다.

답변이 될 수 있는 4개의 문장은 앞을 보지 못하는데도 등불을 들고 다니는 남자의 지혜를 보면서 자신이라면 어떻게 행동할지 생각해 보도록 구성되었습니다.

① 주제를 묻는 질문 따라 쓰기 → ② 주인공의 행동 이해하기 → ③ 주인공의 행동을 통해 성격 유추하기 → ④ 나라면 어떻게 행동할지 상상하기

를 통해 남자의 지혜에서 배울 점을 찾아보도록 도와주세요.

읽기 전 생각해 볼 것들

본문을 읽기 전 제목, 삽화, 어려운 말 풀이를 보면서 본문의 내용을 유추하게 해 주세요.

1. 제목을 보고 본문이 어떤 내용일지 미리 이야기 나누어 볼까요.

2. 파란 옷을 입은 남자는 노인에게 뭐라고 말하고 있을까요?

3. 단어 뜻풀이에 나오는 '나그네'와 '여행자'는 각각 어떤 모습일지 상상해 볼까요.

✎ 참고하세요   본책 p.119 정답 예시

1 이야기와 만나는 문장 쓰기 주제를 묻는 주인공의 질문을 따라 써 봅니다. (왼쪽 파란색 문장 따라 쓰기)

2 이해하는 문장 쓰기 주인공 남자가 등불을 들고 다니는 이유를 이해합니다.

예시 남자는 다른 사람이 빛을 볼 수 있고 자신과 부딪히는 걸 막기 위해서라고 말했습니다.

3 생각을 발견하는 문장 쓰기 등불을 든 남자는 어떤 성격의 사람일지 생각합니다.

예시1 남자는 굉장히 똑똑한 사람입니다.
예시2 남자는 다른 사람의 상황을 배려하는 사람입니다.

4 상상하는 문장 쓰기 자신이 앞을 보지 못하는 사람이라면 어떻게 행동할지 상상해 봅니다.

예시1 나라면 이야기 속의 앞을 보지 못하는 남자처럼 등불을 들고 나갈 것 같습니다.
예시2 나라면 가족에게 함께 가 달라고 부탁할 것입니다.

모아쓰기 네 개의 문장을 이어서 하나의 문단을 완성합니다.

예시1 "아니, 그럼 왜 등불을 들고 다니시는 거죠?"
남자는 다른 사람이 빛을 볼 수 있고 자신과 부딪히는 걸 막기 위해서라고 말했습니다. (내 생각에) 남자는 굉장히 똑똑한 사람입니다. 나라면 이야기 속의 앞을 보지 못하는 남자처럼 등불을 들고 나갈 것 같습니다.

예시2 "아니, 그럼 왜 등불을 들고 다니시는 거죠?"
남자는 다른 사람이 빛을 볼 수 있고 자신과 부딪히는 걸 막기 위해서라고 말했습니다. (내 생각에) 남자는 다른 사람의 상황을 배려하는 사람입니다. 나라면 가족에게 함께 가 달라고 부탁할 것입니다.

가이드의 읽을거리 ● 자신에게는 전혀 보이지 않는데도 등불을 들고 밤거리를 나온 남자. 그는 앞이 보이지 않는 시각장애인이었습니다. 칠흑 같은 어둠 속에서 나그네를 구해준 건 바로 이 남자의 불빛이었지요. 탈무드에서 말하는 지혜도 이와 같지 않을까 합니다. 어둠 속을 비추는 빛처럼 지혜는 무지의 세계를 환하게 밝히니까요.
앞을 보지 못하는 남자는 다른 사람과 부딪히지 않기 위해 등불을 들었습니다. 시각장애인이 등불을 들다니! 모순적인 상황이지만 알고 보니 정말 지혜로운 행동이었습니다. 자신을 위해서 했던 행동이지만 동시에 다른 사람을 구할 수 있었으니 말입니다.
어쩌면 '지혜'는 상식을 깨는 질문, 상식을 뒤집는 사고 속에서 만들어지는지도 모르겠습니다. 자유롭게 질문하고 즐거운 사고실험을 하도록 격려해 주세요. 그리고 그 안에서 인간의 '마음'을 발견하도록 이끌어 주세요.

1장

	② 궁			
① 관	리		⑤ 플	
		⑥ 라	크	⑦ 스
③ 추	④ 수	타		튜
	확		너	
		⑧ 다	스	리	는

2장

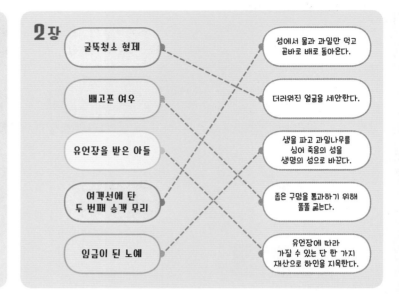

3장

사실 등장인물이 느낀 감정에는 정답이 없습니다. 사람마다 느끼는 감정이 다르듯이 등장인물이 느낄 수 있는 감정 또한 다르게 생각할 수 있어요. 그러니 아래 답안은 참고용으로만 확인해도 좋겠습니다.

정겹다 정이 넘칠 만큼 다정하다.
감격스럽다 뿌듯하고 기뻐서 감동을 느끼다.
벅차다 기쁨, 희망 따위가 넘칠 듯 가득하다.
설레다 마음이 가라앉지 않고 들떠서 두근거리다.
뿌듯하다 기쁨이나 감격이 마음에 가득 차다.
철렁하다 크게 놀라 가슴이 설레다.
다행스럽다 뜻밖에 일이 잘되어 운이 좋은 듯하다.

거미 — 다윗왕	불쾌하다 / 미안하다, 고맙다
할아버지 — 손녀	정겹다 / 감격스럽다, 벅차다
칠장이 — 농부	안쓰럽다 / 기쁘다, 고맙다
시골 부자 — 도시 친구	부끄럽다 / 뿌듯하다
사자무리 — 랍비	철렁하다 / 다행스럽다

4장

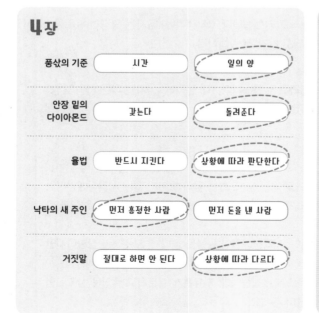

5장

자신이 지혜로운 랍비라고 상상하고 어떤 의견이든 자유롭게 써 보세요.